selah

주의 집에 사는 자들은 복이 있나니
그들이 항상 주를 찬송하리로다
셀라
시편 84:4

차례

거리마다 기쁨으로 (C)	1
거친 길 위를 걸어갈 때도 (E)	2
고백 (Eb - D)	3
공감하시네 (E)	4
공급자 (A)	5
광야를 지나며 (F - E)	6
그 이름 아름답도다 (D)	7
기뻐해 (F - E)	8
깊어진 삶을 주께 (E)	9
꽃들도 (G)	10
나는 끌려갑니다 (D)	11
나는 노래하네 (F - E)	12
나는 예배자입니다 (F - E)	13
나는 오늘도 가네 (A)	14
나의 사랑이 (A)	15
나의 모습 나의 소유 (F - E)	16
나의 약함은 나의 자랑이요 (F - D)	17
나의 예배를 받으소서 (E)	18
나의 왕 나의 주 (Bb - A)	19
낮은곳으로 (F - D)	20
나의 하나님은 (B - G)	21
날마다 (B - A)	22
내 마음속 전부를 (E)	23
내 삶의 주인이라 (D)	24
내 맘에 오신 주 (A)	25
내 주를 가까이 (E)	26
놀라우신 은혜 (Bb - G)	27
놀라운 주의 사랑 (D)	28
높이 계신 주께 (E)	29
내 한 가지 소원 (E)	30
더 원합니다 (F - D)	31
더 크게 주 찬양해 (E)	32
덮으소서 (D)	33
말씀앞에서 (Db - C)	34
매일 매일 (A)	35
믿음으로 서리라 (G)	36
모두 찬양해 (D)	37
믿어요 그 약속 (Bb - A)	38
밝은 빛이 가득해 (E)	39
밤이나 낮이나 (D)	40
불가능 가능케 돼 (C)	41
삶의 예배 (G)	42
새로운 마음 (Ab - G)	43
사랑 중에 사랑 (E)	44
선한 능력으로 (E)	45
성령이여 내 영혼을 (D)	46
소리높여 (A)	47
송축해 내 영혼 (G)	48
시간을 뚫고 (G)	49
신실하시네 (C)	50

아버지의 사랑으로 (D)	51	주 앞에 엎드려 (E)	76
언제나 주만 (E)	52	주가 일 하시네 (C)	77
어떤말로도 (F - E)	53	주 예수 내 산 소망 (Eb - C)	78
여호와의 집으로 올라가 (Bb - A)	54	주께 포기란 없네 (A)	79
예배하는 이들에게 (E)	55	주님은 아시네 (B - A)	80
예수 안에 소망 있네 (Eb - D)	56	주님 그 사랑 감사해 (G)	81
예수 예수 (A)	57	주님의 그 모든 것이 (A)	82
예수 예수 예수 (E)	58	주님의 사랑 (E)	83
예수 우리들의 밝은 빛 (Bb - A)	59	주님의 마음 있는 곳 (Bb - A)	84
예수는 나의 힘 (F - E)	60	주님의 시선 (F - D)	85
오늘 이곳에 계신 성령님 (F - D)	61	주로 인해 (E)	86
오직 주로 인해 (G)	62	주 손길이 (Bb - G)	87
오직 주 (B - A)	63	주의 길 (F - D)	88
우리 주 하나님 (B - G)	64	주의 나라 (G)	89
우리는 주의 움직이는 교회 (F - D)	65	주의 나라가 임할 때 (B - A)	90
원하고 바라고 기도합니다 (E)	66	지극히 높으신 주 (D)	91
은혜 (Bb - A)	67	크신 내 주님 (B - G)	92
이 세상의 부요함보다 (Ab - G)	68	하나님의 사랑이 (E)	93
이렇게 노래해 (E)	69	풀은 마르고 (A)	94
입례 (F - D)	70	하나님의 나라 (C)	95
주 광대하시네 (G)	71	행복 (Eb - D)	96
전하세 (G)	72	길을 만드시는 분 (B - A)	97
주 나와 함께 하시니 (G)	73	Born Again (C)	98
주 사랑이 나를 숨쉬게 해 (D)	74	Thank You Lord (A)	99
주 안에서 기뻐해 (E)	75	You Still Love Me (E)	100

숙련에 대하여

안녕하세요 켄지입니다. 워십 기타 송북 셀라가 출간된 지 4년이 지났는데 의도치 않게 셀라 2를 제작하게 되었습니다. 시간이 지날수록 새로운 곡의 해설이 필요한 상황에 놓이게 되더군요. 특히 요즘 10대 20대는 예배 때 부르는 곡이 장년부와는 전혀 다르기에 요청이 점점 많아지게 되어 필요한 부분은 제작을 해야겠다는 생각을 하게 되었습니다.

처음 만든 워십 기타 송북 셀라 1은 어느 정도 난이도가 평준화되어 있습니다. 어려운 곡은 최대한 배제하고 (없지는 않지만) 스탠더드 리듬으로 연주할 수 있도록 곡을 선정했습니다. 반면에 이번에 제작된 워십 기타 송북 셀라 2는 높은 난이도의 곡들도 포함이 되어 있습니다. 더불어 최근 청년층에서 많이 불리는 곡들도 어쿠스틱 워십 유저들이 추천해 주셔서 포함하게 되었습니다. 셀라 1에서 기본기를 닦아오셨다면 셀라 2에서는 기본기는 이미 충분하다는 전제에서 출발하여 곡의 분위기와 음악적 구성을 잘 만들어가는 것에 초점을 맞추게 되었습니다.

예배 반주를 더 잘하기 위해서 악보집을 구매하실 텐데 아무래도 악보만으로는 한계가 많습니다. 어쿠스틱 워십 유튜브 채널에서는 2022년 1월부터 매주 1곡씩 셀라 2의 강좌를 올리고 있습니다. 기타 실력이 향상된다는 것은 전후 맥락을 살펴볼 일이 생각보다 많이 있습니다. 그중에서 실력의 상당 부분을 차지하는 것이 바로 '숙련'입니다. 통기타 실력에서 말하는 숙련은 아래의 세 가지가 있다고 생각합니다.

1. 코드 전환의 숙련
2. 리듬 스트럼의 숙련
3. 음악적 이해의 숙련

기초 레벨에서의 통기타 실력은 코드 전환에서 거의 모든 것이 판가름 납니다. 코드 전환이 안 되면 리듬 연주가 불가능하죠. 첫 난관은 바레 코드 전환에서 생기고 다음 난관은 분수 코드에서 생깁니다. 그다음 난관은 약식폼과 텐션 코드에서 생기는데 거기까지 가지 않아도 분수 코드 자체만으로도 코드 전환은 꽤 어렵습니다. 그러면 어떻게 개선하느냐. 숙련밖에는 답이 없습니다. 비슷한 레벨의 연습 곡을 굉장히 많이 쳐봐야 하는 것이죠. 그래서 셀라 1이 필요합니다. 코드 전환은 앞으로도 계속 연습해야 하는 과제이지만 코드 전환 연습만 반복할 수는 없습니다. 오른손 스트럼도 같이 해야 소리가 나니까요. 리듬 스트럼의 숙련은 다른 게 없습니다. 다양한 연습 곡을 통해 기본 리듬을 반복하는 것뿐입니다. 이 기본 리듬의 숙련이 미칠 듯이 완벽하다면 그때부터는 그 이상의 업그레이드는 자동적으로 이루어집니다. 셀라 2에는 평범한 노래도 리듬을 보다 다양하게 빌드업하여 연주해 볼 수 있습니다.

이러한 기본 요소들이 숙련됐을 때 비로소 음악적 이해가 쌓이기 시작합니다. 실은 그 전부터 쌓이지만 연주자가 잘 느끼지 못할 수도 있습니다. 통기타 코드만 알고 있던 사람이 악보에 나온 코드 사이의 맥락을 이해한다거나 기본 리듬만 치던 사람이 노래에서 강세 위치를 발견하고 자신의 스타일대로 리듬을 연주할 수 있는 이유는, 1, 2를 거치면서 기본적인 음악의 원리를 (나도 모르게) 깨우쳤기 때문입니다. 물론 다 깨우칠 수 있는 것은 아니고 설명한다고 해서 다 이해하는 것도 아닙니다만, 기본기를 숙련하는 과정이 없다면 음악적 이해를 바라기는 쉽지 않을 것입니다.

이 모든 결과는 숙련하는 중에 발생합니다. 다시 말해, 한 곡 한 곡을 잘 분석하고 연습하고 습득하면서 곡에 대한 이해를 차곡차곡 쌓아 나가는 겁니다. 이를 통해서 우리는 음악이라는 문법을 스스로 깨우치고 이해할 수 있게 됩니다. 이 내용은 악보집에 싣기에는 분량이 너무 많으니 유튜브에 올라가는 커버와 해설을 통해서 자세히 설명드리겠습니다. 여하튼 우리는 숙련의 과정을 통해 은은하게 실력이 쌓이게 됩니다.

셀라 1이 코드 전환과 리듬 스트럼의 기초에 대한 숙련 과정이었다면 셀라 2는 음악적 이해와 합주에 대한 숙련이라고 보셔도 좋을 것 같습니다. 당연히 선명하게 나눌 수는 없습니다만 어느 쪽에 무게를 실었는지는 이해하시리라 생각됩니다. 그래서 셀라 2의 유튜브 강좌는 음악적 이해와 합주에 관한 내용으로 설명합니다. 역시 기초적인 내용입니다만 다이어토닉 코드, 조옮김, 빌드업 이렇게 세 가지입니다. 밥 먹고 음악만 하는 사람들이라면 이 정도는 아주 쉬운 것이라 생각할지도 모르겠습니다만 교회에서 통기타를 배우고 반주하는 대부분의 비전공 연주자들은 이것을 이해하는 것만으로도 상당한 노력을 기울여야 합니다. 그러니 이 정도를 완전히 익히는 것만으로도 굉장히 중요한 기초 소양을 쌓을 수 있습니다. 유튜브에 올리는 셀라 2의 강좌는 대부분 다음 페이지에 있는 세 가지 내용을 다루고 있습니다.

1. 다이어토닉 코드

다이어토닉 코드란 간단히 설명해서 온음계(장음계)에서 만들어지는 7가지의 화음을 말합니다. 노래는 보통 한가지 key로 쓰니까 한 key에서 사용되는 7가지 코드를 잘 기억 해두면 됩니다. 예를 들어 C key 곡이라면 C, Dm, Em, F, G, Am, Bm(b5) 이렇게 말이죠.

		1도	2도	3도	4도	5도	6도	7도	카포
	C key	C	Dm	Em	F	G	Am	Bm$^{(b5)}$	3프렛 : A key 5프렛 : G key
	C# key	C#	D#m	Fm	F#	G#	A#m	Cm$^{(b5)}$	1프렛 : C key 4프렛 : A key 6프렛 : G key
	D♭ key	D♭	E♭m	Fm	G♭	A♭	B♭m	Cm$^{(b5)}$	1프렛 : C key 4프렛 : A key 6프렛 : G key
	D key	D	Em	F#m	G	A	Bm	C#m$^{(b5)}$	2프렛 : C key 5프렛 : A key
	E♭ key	E♭	Fm	Gm	A♭	B♭	Cm	Dm$^{(b5)}$	1프렛 : D key 3프렛 : C key 6프렛 : A key
	E key	E	F#m	G#m	A	B	C#m	D#m$^{(b5)}$	2프렛 : D key 4프렛 : C key
	F key	F	Gm	Am	B♭	C	Dm	Em$^{(b5)}$	1프렛 : E key 3프렛 : D key 5프렛 : C key
	F# key	F#	G#m	A#m	B	C#	D#m	Fm$^{(b5)}$	2프렛 : E key 4프렛 : D key 6프렛 : C key
	G♭ key	G♭	A♭m	B♭m	B	D♭	E♭m	Fm$^{(b5)}$	2프렛 : E key 4프렛 : D key 6프렛 : C key
	G key	G	Am	Bm	C	D	Em	F#m$^{(b5)}$	3프렛 : E key 5프렛 : D key
	A♭ key	A♭	B♭m	Cm	D♭	E♭	Fm	Gm$^{(b5)}$	1프렛 : G key 4프렛 : E key 6프렛 : D key
	A key	A	Bm	C#m	D	E	F#m	G#m$^{(b5)}$	2프렛 : G key 5프렛 : E key
	B♭ key	B♭	Cm	Dm	E♭	F	Gm	Am$^{(b5)}$	1프렛 : A key 3프렛 : G key 6프렛 : E key
	B key	B	C#m	D#m	E	F#	G#m	A#m$^{(b5)}$	2프렛 : A key 4프렛 : G key

이 코드표는 12키에서 나오는 모든 코드를 표기했습니다. 특히 통기타의 경우 F key나 Ab key처럼 잡기 어려운 조의 코드는 카포를 사용해서 잡기 쉬운 코드로 연주합니다. 따라서 통기타에서는 C key, D key, E key, G key, A key에 해당하는 다이어토닉 코드만 숙지해 두셔도 충분합니다.

여기서 핵심은 다이어토닉 코드를 머리로도 기억하고 있어야 하지만 지판으로도 기억해야 한다는 것입니다. 연습 방법은 간단합니다. 앞서 설명한 다섯키 (C, D, E, G, A)의 다이어토닉 코드를 1도부터 8도까지 올라갔다가 내려오는 연습을 반복합니다. 틈만 나면 다이어토닉 코드에 맞춰 운지하며 오르락내리락하십시오. 눈을 감도고 칠 수 있을만큼 반복해 주세요. 다이어토닉 코드를 순서대로 치는 연습은 향후 기타 실력의 대단히 큰 밑바탕이 될 것입니다.

2. 조옮김

조옮김은 곡의 조를 통째로 올리거나 내리는 것을 말합니다. 곡 중간에 전조하는 것과는 다른 얘기죠. 음악적으로 준비되어 있지 않은 반주자는 인도자가 한 키 낮추자고 하면 몹시 당황하게 됩니다만, 안타깝게도 교회 내에서 조옮김은 굉장히 빈번히 사용됩니다. 어떤 연주자들은 아무런 어려움 없이 조옮김이 가능한데 사실 이것은 굉장히 축적된 노하우가 필요합니다. 당연한 말이지만 전공이라 해도 그 어떤 곡이든 자유롭게 조옮김을 할 수 있는 것은 아닙니다. 전공자도 이런데 비전공자인 통기타 연주자들은 조옮김에 굉장히 취약합니다. 음악에 대해 잘 모르기 때문일수도 있고 어떤 원리로 바꾸는 것인지 잘 모르기 때문이기도 합니다. 원리를 안다고 해도 그것을 통기타로 연주하는 것은 별개의 문제입니다. 조옮김을 해서 바꾼 코드가 Bb key이거나 F key라고 하면 조옮김으로 악보에 코드를 적어놓아도 너무 어려워서 칠 수 없는 경우가 생기기도 합니다. 그래서 통기타의 조옮김에서는 카포가 필수입니다.

앞서 소개한 다이어토닉 코드폼을 활용하면 어렵지 않게 조옮김을 해볼 수 있습니다. 예를 들여 D key 곡을 C key로 낮춘다면 악보에 적혀있는 D key 코드를 C key에 대입해서 바꿔주기만 하면 됩니다. 그러면 몇 분이 채 걸리지 않아 바로 조옮김을 할 수 있겠죠. 그런데 만약 D key를 반음 낮춰 C# key로 간다면 어떨까요? C# key에 나오는 다이어토닉 코드는 모두 바레 코드로 연주해야 하는 상황이 되어 통기타 연주자는 연주 난이도가 급상승해 난감해집니다. 이때 카포를 사용합니다. C# key의 으뜸화음(토닉)은 C#

코드니까 바레를 잡는 위치인 4프렛에 카포를 끼우면 A key 연주로 바뀌게 됩니다. 그러면 쉽게 연주가 가능합니다. 카포는 잡기 어려운 코드를 잡기 편하도록 키를 바꾸는 역할을 합니다. 카포는 다양한 이유로 사용하지만 어려운 코드를 쉬운 코드폼의 키로 바꿔 연주할 수 있도록 만들어 줍니다.

그런데 여기서도 역시 문제는 조옮김입니다. 위의 예를 살펴보면 D key를 C# key로 내렸는데 4프렛에 카포를 끼워서 A key가 되어버렸으니 결국 악보에는 A key로 바꿔서 조옮김을 해야 하는 것이죠. 여기에 만약 동일한 상황에서 1프렛에 카포를 끼우면 A key가 아닌 C key 곡이 되어버립니다. 그러면 우리는 어디에 카포를 끼워야 하는 것일까요? 그것은 연주자의 마음에 달려있습니다만 보통은 연주자가 생각하기에 좀 더 쉬운 코드폼으로 바꾸게 됩니다. 어찌 됐건 통기타의 조옮김에는 카포가 필수적이며 거기에 더해 다이어토닉 코드도 알고 있어야만 원활한 사용이 가능해집니다. 그래서 통기타에서 카포는 조옮김에 필수품 입니다. 이것은 동영상으로 틈날 때마다 설명을 드리겠습니다.

3. 빌드업

빌드업은 노래가 흘러가는 동안 구간에 따라 리듬과 볼륨을 다루는 방식이라고 생각하시면 어떨까 싶습니다. 볼륨으로 생각해 보면 노래에는 언제나 볼륨이 작은 구간이 있고 큰 구간이 생기는데 처음부터 끝까지 같은 볼륨으로 평이하게 진행되는 곡은 거의 없습니다. 일반적으로 기승전결의 양상으로 만들어지죠. 그래서 연주할 때 평이하게 연주하지 않고 곡이 진행되는 느낌이나 분위기에 맞게 표현 할 필요가 생깁니다. 이것을 통해 우리는 원곡의 느낌과 비슷한 느낌의 연주를 만들어 가는 것이죠.

물론 기타를 처음 배울 때는 리듬 패턴 맞추는 것만으로도 힘들고 어렵지만 기본 리듬이 숙련되고 자신감이 생기면 그때부터는 곡 전체를 관통하는 안목을 가질 수 있습니다. 그제서야 빌드업에 눈을 뜨게 되죠. 동일한 리듬도 더 작게 치거나 크게 치는 것에 신경 쓸 수 있게 되며 리듬이나 테크닉도 더 작은 느낌을 내거나 크게 확장시키는 연주를 할 수 있게 됩니다. 그렇지만 이것은 아무렇게나 진행되는 것은 아니고 원곡의 느낌과 분위기를 충실히 재현해야 합니다. 셀라 2에서 집중하는 것도 바로 이 부분입니다. 자신이 어느 정도 기본기를 충분히 갖추어 가는 중이라면 원곡을 듣고 곡을 분석하면서 코드뿐 아니라 리듬의 구조와 맥락도 함께 설계해 나가는 방법을 익혀보는 겁니다. 똑같은 리듬이라도 연주자가 설계하는 방식에 따라 연주 스타일이 달라집니다. 여기서부터는 연주자의 안목, 음악적 실력이 드러나는 것이죠. 그렇게 곡 하나하나를 분석하며 빌드업을 연습해 나간다면 이것은 분명 좋은 음악을 연주하는 실력을 만들어줄 것입니다.

결국 우리는 합주를 하려는 것이다.

　비전공자가, 음악에 대해서 잘 모르는 사람이 통기타를 연주하는 것은 교회에서는 아주 흔합니다. 예배 인도자가 기타를 들고 치기도 하고 어깨너머로 기타를 배운 교회 청년이 반주를 하기도 합니다. 아무래도 통기타는 접근하기 쉽고 다루기 쉬우며 다른 악기에 비해 상대적으로 빨리 배울 수 있기 때문인 것 같습니다. 통기타의 코드나 리듬에 대해서는 이미 많은 자료들이 나와 있기 때문에 어떻게든 배워나갈 수 있지만 실제 예배 현장에서는 그 정도의 실력이 아닌 합주가 가능한 실력이 필요합니다. 그 실력이 바로 앞서 얘기한 세 가지의 실력입니다. 물론 이것이 전부는 아니며 합주를 위한 기초적인 실력일 뿐입니다. 이것을 간과한다면 좋은 합주를 만들어갈 수 없습니다. 반대로 이것만 알고 있어도 그다음 실력으로 나아가는데 아주 큰 도움이 됩니다.

　보통 통기타 연주자들은 혼자 반주하는 경우가 많다 보니 합주를 그다지 중요하게 생각하지 않습니다. 평소 하던대로 똑같이 하면 된다고 생각합니다. 그래서 합주를 할 때도 혼자 통기타 치듯이 치는 경우가 많습니다. 당연하게도 혼자 칠 때와 합주때의 연주는 조금 다릅니다. 이것을 해결하려면 통기타라는 악기를 기본적으로 아주 잘 다룰 수 있는 숙련된 실력을 가지고 있어야 합니다. 그 정도가 되어야 음악과 합주에 대한 안목까지 올라갈 수 있죠. 기본기를 숙련하는 긴 과정을 거치지 않는다면 실력이 몸에 배지 않습니다. 머리로는 이해해도 실제 연주는 하기가 어렵습니다. 아무리 많이 알아도 연주로 나오지 않으면 그것은 못 치는 겁니다. 공부처럼 지식만 있어서 되는 것은 아니기 때문입니다. 아는 것을 반복하며 차고 넘칠 정도로 익숙해져야 연주의 퀄리티가 만들어집니다. 우리가 만들어갈 과정도 이와 같습니다. 목표와 방향이 정해져 있으니 숙련에 숙련을 거듭하여 연주력을 높이는 방향으로 나아가는 것입니다. 이제 이러한 모든 요소들을 기억하며 하나씩 구체화 해 봅시다.

리듬 표기법

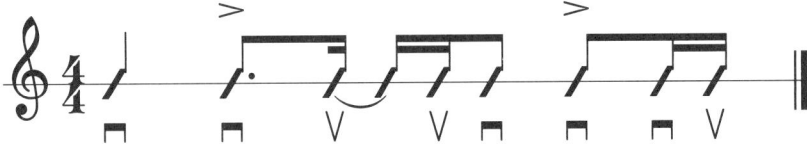

리듬은 일반적으로 위와 같은 방식으로 표기합니다. 그런데 음표를 보는 데 익숙하지 않으면 악보를 읽는 것이 조금 어려울 수도 있습니다. 그래서 아래처럼 리듬을 한 박자 단위로 쪼개서 16분 음표를 보면 조금 더 편하게 리듬 패턴을 계산해볼 수 있습니다.

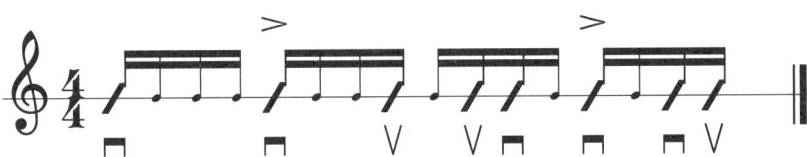

8비트 기본 리듬

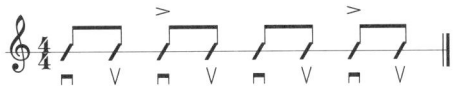

[8비트 1번 패턴 : 고고]

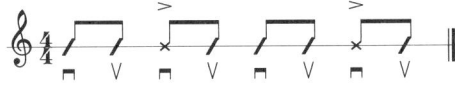

[8비트 1번 패턴 : 고고 커트]

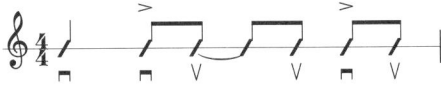

[8비트 1번 패턴 : 칼립소]

[8비트 1번 패턴 : 칼립소 커트]

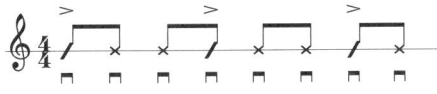

[8비트 2-1번 패턴 : 팜뮤트]

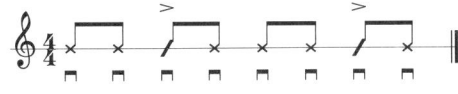

[8비트 2-2번 패턴 : 팜뮤트]

[8비트 2-3번 패턴 : 팜뮤트]

16비트 기본 리듬

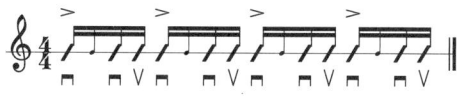
[16비트 1번 패턴]

[16비트 2번 패턴]

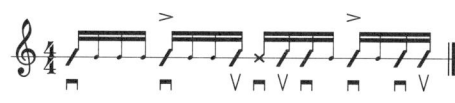
[16비트 2번 패턴 커트]

[16비트 3번 패턴]

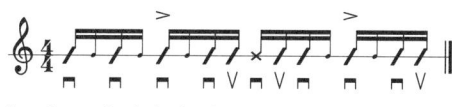
[16비트 3번 패턴 커트]

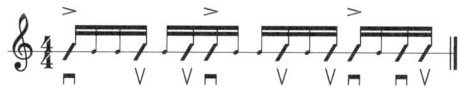
[16비트 4번 패턴]

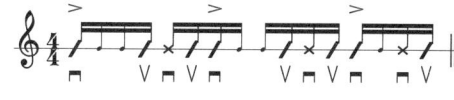
[16비트 4번 패턴 커트]

리듬별 두 박자 코드 전환 방법

1. 8비트 1번 칼립소 리듬의 2박자 코드 전환 : 반 박자 앞으로

칼립소 리듬은 붙임줄 때문에 정박으로 코드 전환이 불가능하여 반 박자를 당기는 것이 일반적입니다. 정박으로 바꿔야 할 경우 앞의 두 박자를 두 번 반복합니다.

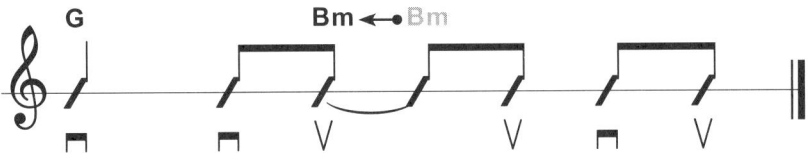

2. 8비트 2-1번 리듬의 2박자 코드 전환 : 반 박자 앞으로

8비트 2번 리듬의 경우 2박자로 코드를 전환하려면 반 박자 앞에 강세가 있기 때문에 반 박자 당겨지게 됩니다. 정박으로 바꿔야 한다면 8비트 2-3번 리듬을 주로 사용합니다.

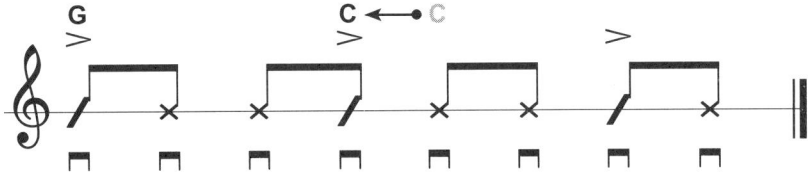

3. 16비트 2번 리듬의 2박자 코드 전환 : 반 박자 뒤로

16비트 2번은 정박으로 2박자 코드 전환이 불가능하여 자연스럽게 반 박자 뒤 다운 스트럼으로 코드가 이동합니다. 가장 흔하게 사용되는 코드 전환 방식이며 정박으로 바꿔야 할 경우에는 앞의 두 박자 리듬을 반복하거나 16비트 1번 리듬을 사용합니다.

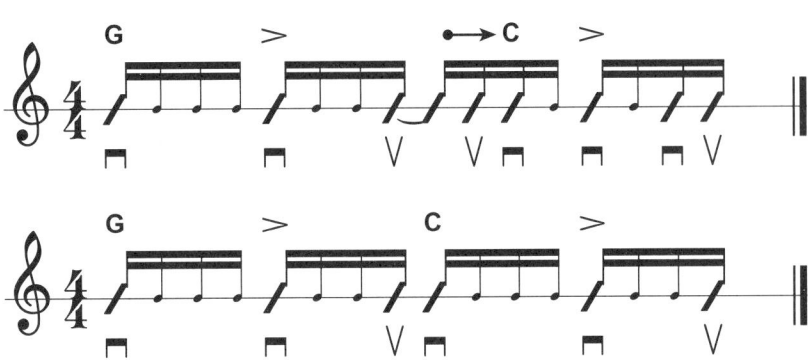

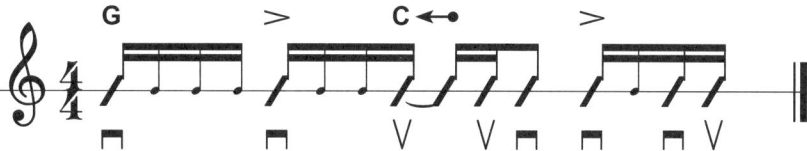

가끔은 위의 리듬처럼 바로 앞의 리듬으로 코드 전환을 당기기도 합니다. 업 스트럼에 변경되기 때문에 정확하게 연주할 수 있어야 합니다.

4. 16비트 3번 리듬의 2박자 코드 전환 : 반 박자 뒤로

16비트 3번 리듬도 2번 리듬과 마찬가지로 반 박자 뒤로 이동하는 것이 일반적이며 정박으로 바꿔야 할 경우 앞의 두 박자 리듬을 반복합니다.

5. 16비트 4번 리듬의 2박자 코드 전환 : 반 박자 앞으로

16비트 4번 리듬은 강세 위치 때문에 반 박자 앞으로 당겨서 전환을 합니다. 일반적으로 사용되는 방식이기 때문에 꼭 익혀두는 것이 좋습니다. 정박으로 바꿔야 할 경우에는 앞의 두 박자 리듬을 반복하거나 16비트 1번 리듬을 사용합니다.

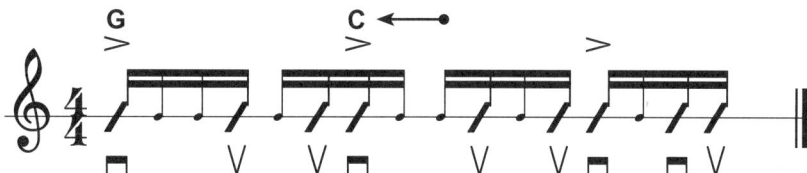

 이렇게 기본 리듬에서 두 박자 코드 전환은 연주마다 곡마다 코드를 전환하는 리듬의 구조가 다릅니다. 이것은 연주자가 임의로 결정한다기 보다는 음원에서 어떻게 전환했는지를 우선 파악해야만 합니다. 특히 16비트 리듬의 경우 두 박자 코드 전환은 리듬 연주에 많은 영향을 미치므로 노래를 많이 듣고 코드 전환의 구조적 특징을 잘 파악해 두어야 합니다. 여기에서는 기본적인 패턴만 소개하였지만 이 외에도 연주자마다의 개성을 살려 다양한 리듬으로 코드 전환을 연주할 수 있습니다.

각 키별 사용 가능 코드

셀라2에서는 C, D, E, G, A의 다섯 키를 사용합니다. 어려운 코드는 카포를 사용하여 다섯 키 중에 하나로 맞춥니다. 이렇게 하는 이유는 코드 전환이 어렵기 때문입니다. 허용 가능한 코드폼을 다양하게 사용하여 코드를 전환하는 문제와 더 예쁜 보이싱을 만드는 데 도움을 줍니다. 코드를 연주할 때 허용 가능한 코드를 숙지하면 코드 전환이 어려우면 보다 쉬운 코드폼으로 변경할 수 있습니다. 예를 들어 C - Am - Dm - G 코드로 전개되는 곡이 있다면 이것은 각각 CM7 - Am7 - Dm7 - F/G로 변경할 수 있습니다. 표의 세로를 보면 허용 가능한 코드를 확인 할 수 있습니다. 물론 여기에 제시된 코드들은 혼자 연주할 때는 문제가 없지만 다른 악기와 합주를 할 때는 코드가 충돌하는지 확인해서 유의하여 사용해야 합니다.

C key

	1도	2도	3도	4도	5도	6도	7도
3화음	C	Dm	Em	F	G	Am	Bm(b5)
7화음 (4화음)	CM7	Dm7	Em7	FM7	G7	Am7	Bm7(b5)
5(파워코드)	C5	D5	E5	F5	G5	A5	
add9	Cadd9			Fadd9			
분수코드 (전위코드)			C/E		F/G	F/A	G/B

Em7 :   G :   Am7 :

D key

	1도	2도	3도	4도	5도	6도	7도
3화음	D	Em	F#m	G	A	Bm	C#m(b5)
7화음 (4화음)	DM7	Em7	F#m7	GM7	A7	Bm7	C#m7(b5)
5(파워코드)	D5	E5	F#5	G5	A5	B5	
add9	Dadd9			Gadd9			
분수코드 (전위코드)			D/F#		G/A	G/B	A/C#

Em7, F#m7, G, Bm7, A/C#

E key

	1도	2도	3도	4도	5도	6도	7도
3화음	E	F#m	G#m	A	B	C#m	D#m(b5)
7화음 (4화음)	EM7	F#m7	G#m7	AM7	B7	C#m7	D#m7(b5)
5(파워코드)	E5	F#5	G#5	A5	B5	C#5	
add9	Eadd9			Aadd9			
분수코드 (전위코드)			E/G#		A/B	A/C#	B/D#

G#m7, B7, A/B, A/C#, B/D#

G key

	1도	2도	3도	4도	5도	6도	7도
3화음	G	Am	Bm	C	D	Em	F#m(b5)
7화음 (4화음)	GM7	Am7	Bm7	CM7	D7	Em7	F#m7(b5)
5(파워코드)	G5	A5	B5	C5	D5	E5	
add9	Gadd9			Cadd9			
분수코드 (전위코드)			G/B		C/D	C/E	D/F#

G :   Am7 :   Bm7 :   Em7 :

A key

	1도	2도	3도	4도	5도	6도	7도
3화음	A	Bm	C#m	D	E	F#m	G#m(b5)
7화음 (4화음)	AM7	Bm7	C#m7	DM7	E7	F#m7	G#m7(b5)
5(파워코드)	A5	B5	C#5	D5	E5	F#5	
add9	Aadd9			Dadd9			
분수코드 (전위코드)			A/C#		D/E	D/F#	E/G#

E7 :   D/E :   Bm7 :   A/C# :   F#m7 :

1. 거리마다 기쁨으로

Hear Our Praises
Reuben Morgan

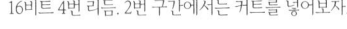
16비트 4번 리듬. 2번 구간에서는 커트를 넣어보자.

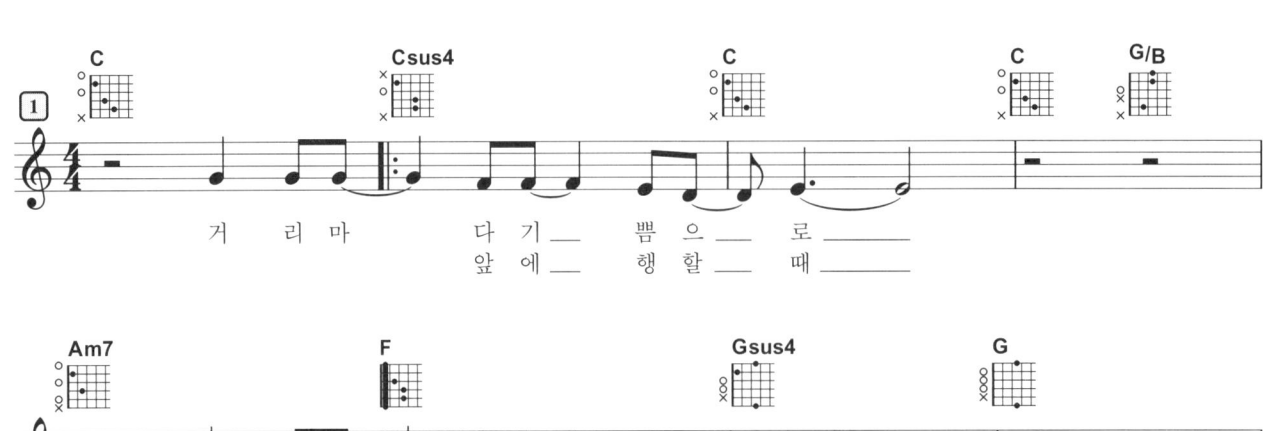

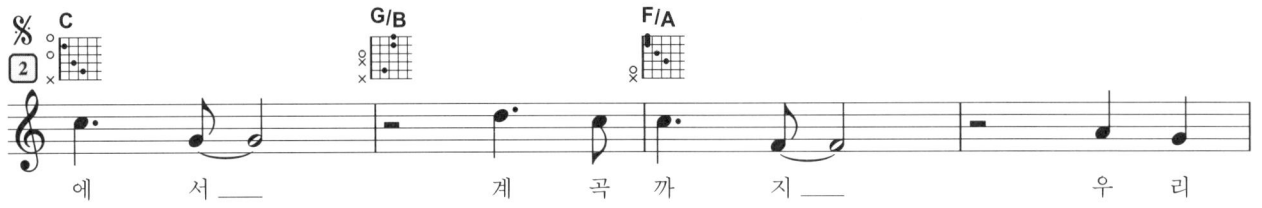

Words and Music by Reuben Morgan © 1998 Hillsong Music Publishing Australia (admin in Korea by Universal Music Publishing/ CAIOS)

2. 거친 길 위를 걸어갈 때도

임선호 작사 작곡

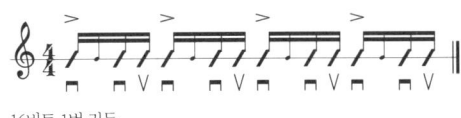
16비트 1번 리듬.

모든것_ 아시는주님_ 나의맘의_ 연약_ 함보_ 시고_
주님께_ 토로한마음_ 하나하나_ 헤아_ 려주_ 시니_

부족한_ 그모습대로_ 주
그마음_ 그아픔들을_ 주

님마음_ 에새_ 겨주_ 시네_
님손으_ 로품_ 어주_ 시네_

거친 길위를걸_어갈때_도 험한 산이앞을_막아도_ 빛되신주님_의두손_이 나를_

붙드네 주의 마음이닿_은내삶_의 저민 슬픔을씻_으시는_ 주

님을찬양_ 주이름을찬_양하네_

ⓒ 2021 임선호. Administered by KwangsooMedia. All rights reserved. Used by permission.

3. 고백

송지혜 작사 작곡

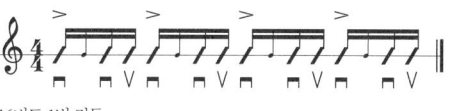

16비트 1번 리듬.

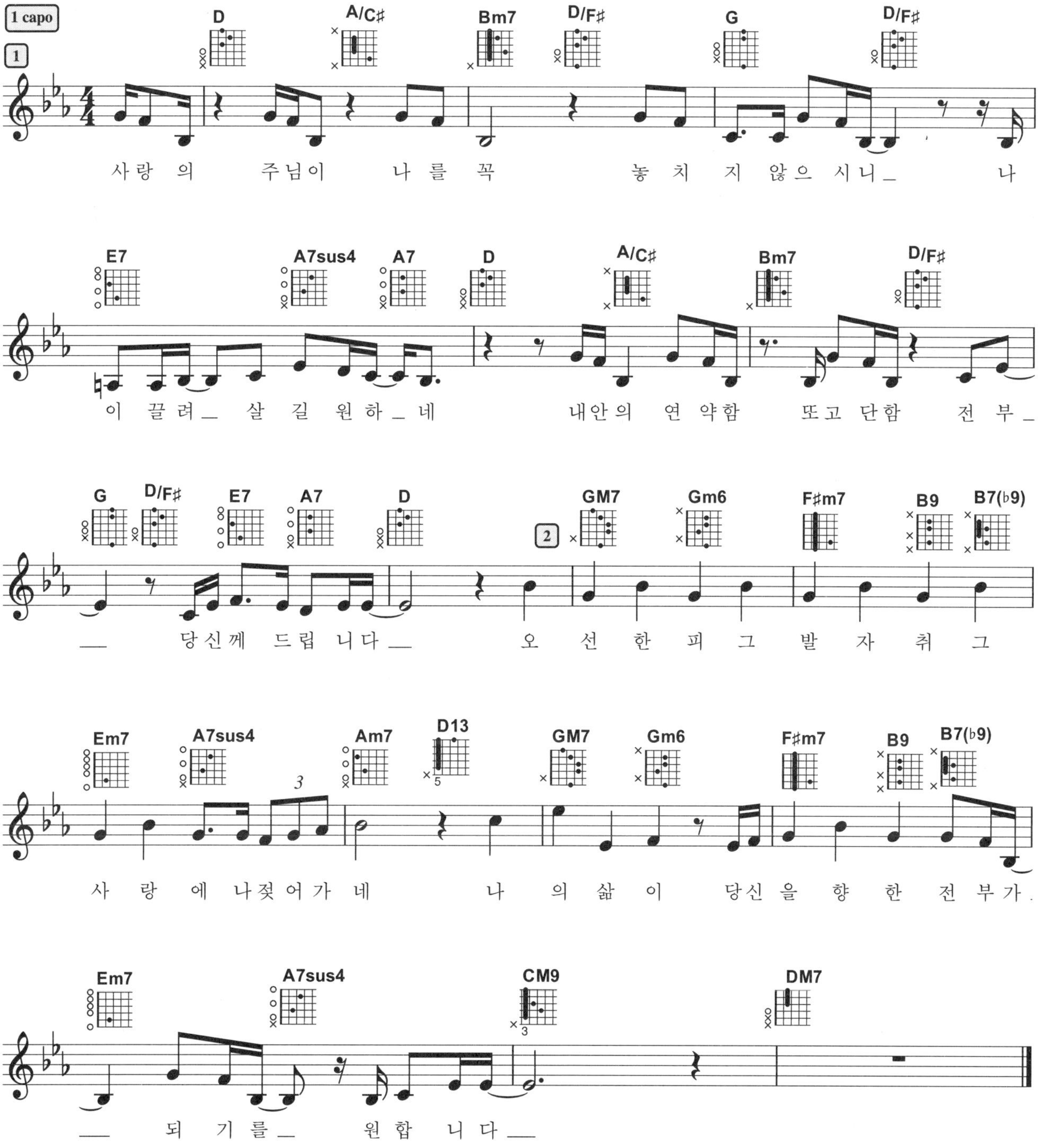

1 capo
1
D A/C♯ Bm7 D/F♯ G D/F♯
사랑의 주님이 나를 꼭 놓치지 않으시니_ 나
E7 A7sus4 A7 D A/C♯ Bm7 D/F♯
이 끌려_ 살길 원하_네 내안의 연약함 또고 단함 전부_
G D/F♯ E7 A7 D GM7 Gm6 F♯m7 B9 B7(♭9)
2
__ 당신께 드립니다__ 오 선한 피 그 발 자 취 그
Em7 A7sus4 Am7 D13 GM7 Gm6 F♯m7 B9 B7(♭9)
3
사랑에 나젖어가네 나의 삶이 당신을 향한 전부가
Em7 A7sus4 CM9 DM7
__ 되기를_ 원합 니다__

4. 공감하시네

김강현 작사 작곡

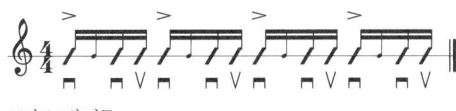
16비트 1번 리듬.

혼자서 만 세_상 을_ 사 는_ 듯이___ 주가_ 멀 어_보이_

_기만_ 할때___ 우리는 바라_보 아_ 야하_ 네_ 우리

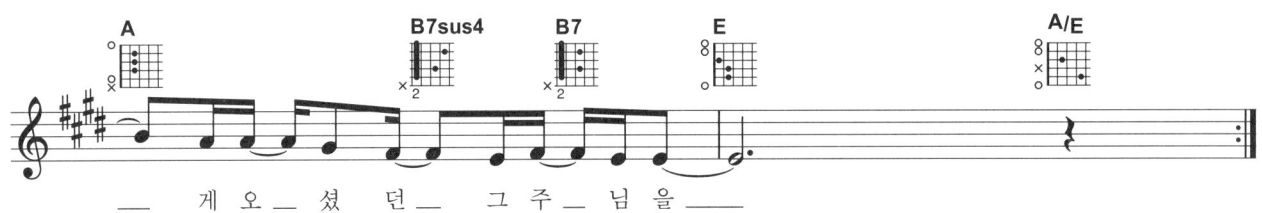
_게 오_셨던_ 그 주_님을___

주 님이_ 우리_의 아_픈 맘_을 아_시네___ 가 까 이서 우_리의_ 아픔_에 공

___감 하_시네___ 우 리 가운_데 찾_아 오 셨 던 그_주님이___ 우리의

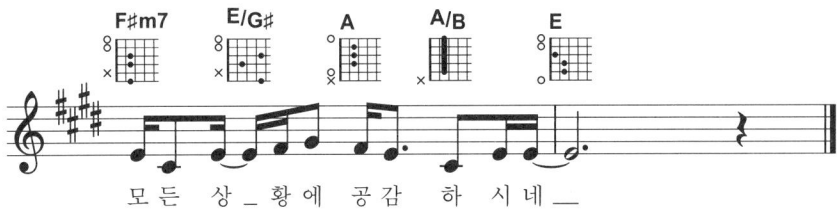
모 든 상_황에 공감 하 시 네__

Copyright ⓒ WELOVE CREATIVE TEAM. Administered by CAIOS. All rights reserved. Used by permission.

5. 공급자

김채림, 송지혜 작사
송지혜 작곡

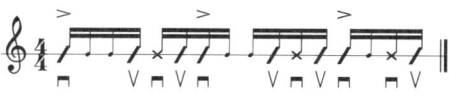

16비트 4번 리듬. 커트는 약하게 연주해보자.

6. 광야를 지나며

장진숙 작사 작곡

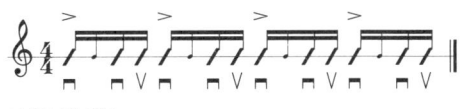
16비트 1번 리듬.

8. 기뻐해

방민우, 현지혜 작사
방민우 작곡

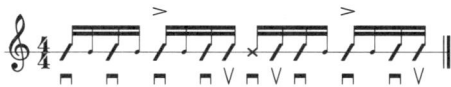

1번에서는 8비트 2번에 팜뮤트, 2번에서는 16비트 3번 리듬.

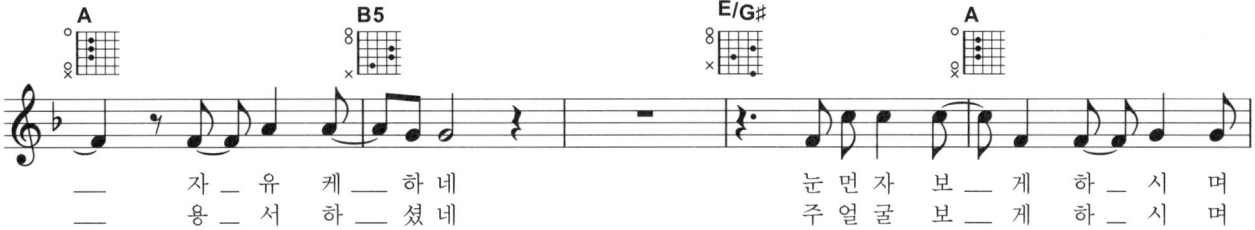

9. 깊어진 삶을 주께

이영 작사
권미성 작곡

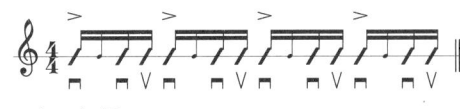
16비트 1번 리듬

10. 꽃들도

Mebig
박흥운 번안

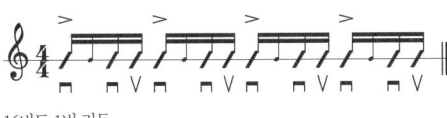
16비트 1번 리듬

1

| G | Cadd9 | D | Em7 | Cadd9 | D | G | Cadd9 | D |

이 곳에 생명샘솟아나 눈물골짝지나갈때에
그 날에 하늘이열리고 모든이 가보게되리라

| G | Cadd9 | D | Em7 | Cadd9 | D | G | G/B |

머 잖아 열매맺히고 웃음소 리넘쳐나리라 꽃들_
마 침내 꽃들이피고 영광의 주가오시리라

2

| Cadd9 | D | G | D/F# | Em7 | Cadd9 | D | G | G/B |

도 구름도 바람도 넓은바 다_도 찬양하라 찬양하라 예수_를 하늘_

| Cadd9 | D | G | D/F# | Em7 | Cadd9 | D | G |

을 울리며 노래해 나의영혼_아 은혜의 주 은혜의주 은혜의 주

Copyright ⓒ Mebig. All rights reserved. Used by permission. Authorised Korean translation by 박흥운. Administered by CAIOS.

11. 나는 끌려갑니다

송민선 작사
김채림 작곡

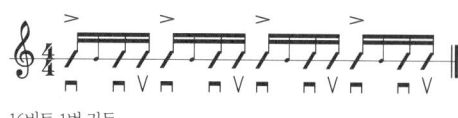
16비트 1번 리듬

나는__ 끌려갑니다__ 상처난 주님의_ 손에_ 이 끌__리어
내가__ 감히놓아도__ 놓치지않으시_는마음의_ 눈물로_ 때

로는광야__와동산에__ 또폭풍과좋__게부는바람_에__ 하

염없이_ 그자_리에 머물러도_____ 영

화로운어__느날_____ 우리를시작__하_신 하나님이__ 당

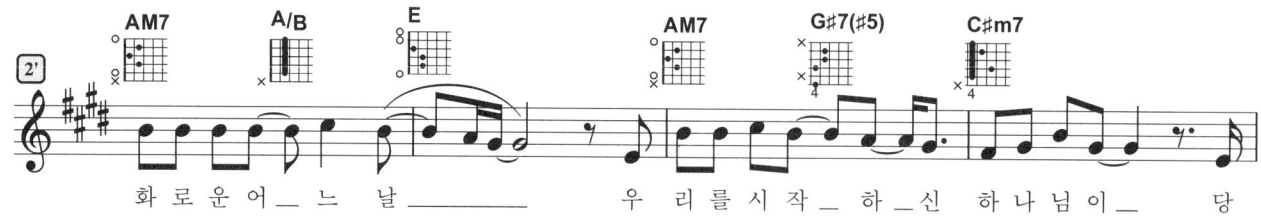
신과같_은하_늘에__ 여정의끝을준비하_셨___네__

Copyright ⓒ WELOVE CREATIVE TEAM. Administered by CAIOS. All rights reserved. Used by permission.

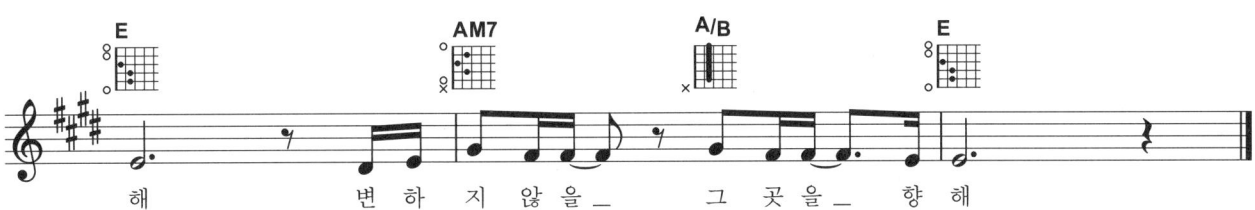

12. 나는 노래하네

김지은 작사 작곡

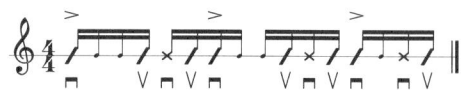

1번은 8비트 2번, 후렴은 16비트 4번 리듬.

13. 나는 예배자입니다.

송세라 작사
전종혁 작곡

16비트 1번 리듬

1capo

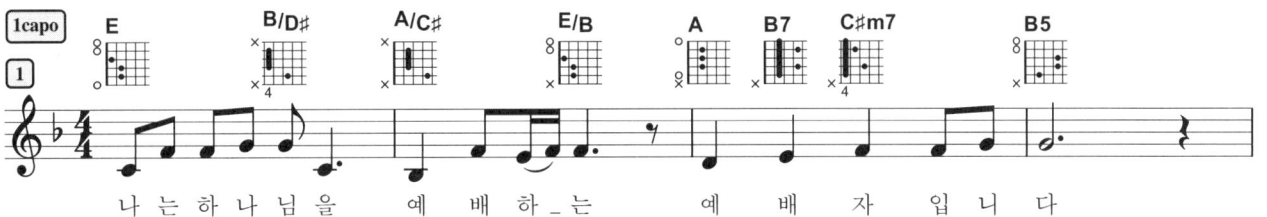
나 는 하나님을 예배하_는 예배자입니다

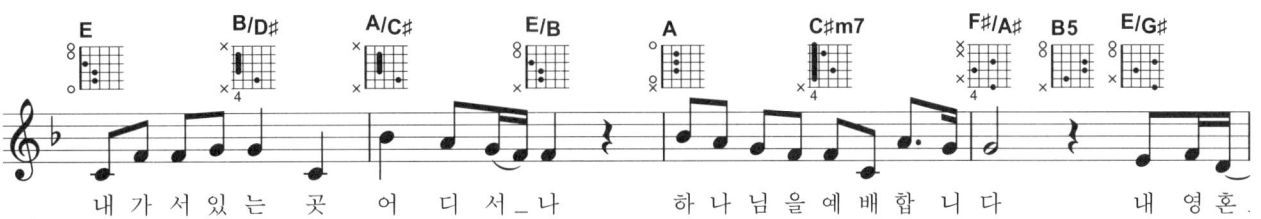
내가 서있는 곳 어디서_나 하나님을 예배합니다 내 영혼.

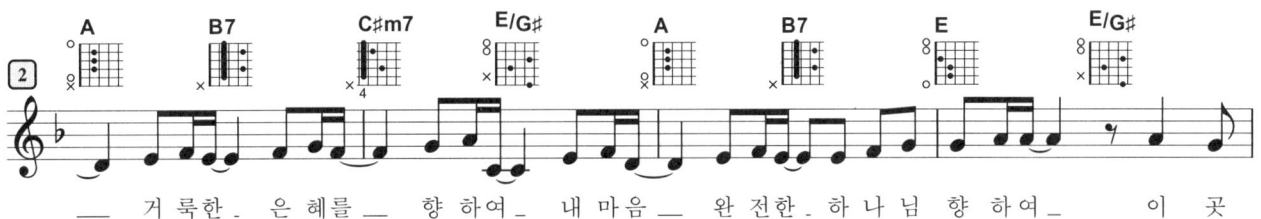
___ 거룩한_ 은혜를__ 향하여_ 내 마음__ 완전한. 하나님 향하여_ 이 곳

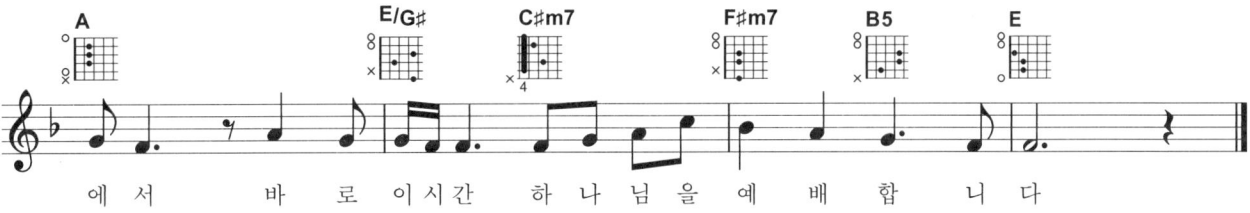
에서 바로 이 시간 하나님을 예배합니다

14. 나는 오늘도 가네

엄항용 작사
임선호 작곡

16비트 1번 리듬.

누구나 무거운짐을 지고가는 길 아무도 끝을 알수없네
사랑의 주님 이 나를 부르신 그 길 나의 힘으로 갈수없네

사랑의 노래는 점점 희미해지고 내일의 두려움 넘치지만
믿음의 길위에 주가 예비하시니 십자가 사랑 의지하여

나는 오늘도 가네 주의 영광

노래하리 더이상 나 버틸힘 이 없어도 모든 상황

끝에서 다시설때 알게되리라 크고넓은 여호와하나님 주의영광

바라보리 만군의 주 크신 나의 하나님 전능하신

주님과 동행할 때 알게되리라 날 만드신 사랑

ⓒ 2017 엄항용, 임선호. Administered by KwangsooMedia. All rights reserved. Used by permission.

15. 나의 사랑이

Falling
Brenton Brown, Paul Baloche

16비트 4번, 1절은 8비트 2번 리듬.

O.T. : Falling / O.W. : Brenton Brown, Paul Baloche
O.P. : Universal Music - Brentwood Benson Publ./ S.P. : Universal Music Publishing Korea, CAIOS Adm. : Capitol CMG Publishing / All rights reserved. Used by permission.

16. 나의 모습 나의 소유

I offer my Life
Claire Cloninger, Don Moen

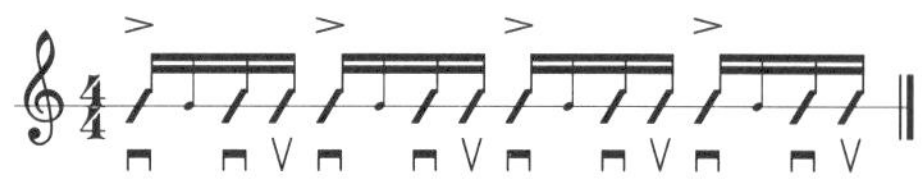

16비트 1번 리듬.

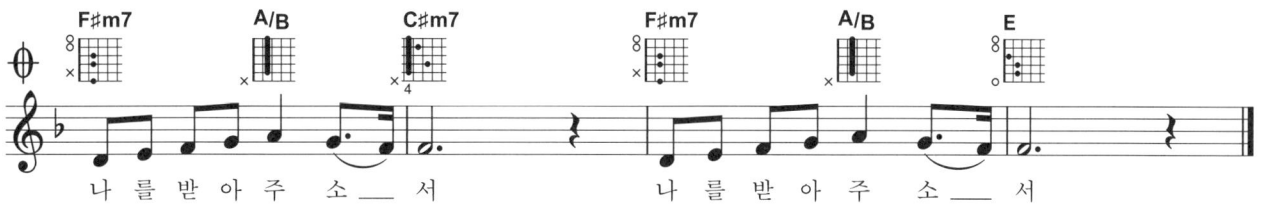

17. 나의 약함은 나의 자랑이요

이승호 작사 작곡

16비트 1번 리듬.

참 고마운 친구 나의 예수님 나는 깨지기 쉬운 질그
내 삶의동 행자 나의 예수님 나는 기대가 없는 어린

릇 과 같으나 때론낙 심해도 포기치않음은 예수의
나귀같으나 늘쓰러지나 다시일어남도 예수의

생명이 내 안에 있기에
생명이 내 안에 있기에

나의약함은 나의자랑이요 나의실패는 나의
나가난함은 나의상급이요 나미련함은 나의

간 증 이요 나의아픔은 나의
자 랑 이요 나쓰러짐이 나의

영 광 이니 그부르심따라 내가걸어갑니다
고 백 이니 그부르심따라 내가걸어갑니다

Copyright © 2017 이승호 Administrated by Soundrepublica. All right reserved. Used by permission

18. 나의 예배를 받으소서

이대귀 작사 작곡

16비트 1번 리듬.

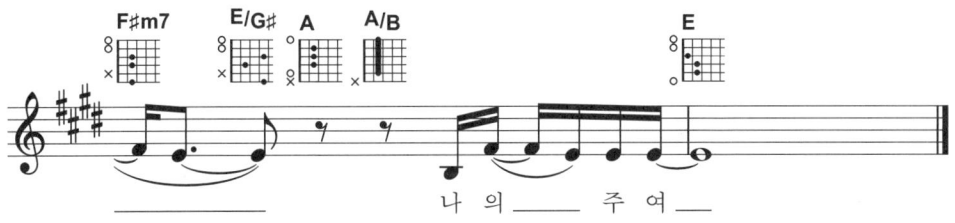

19. 나의 왕 나의 주

주민정 작사 작곡

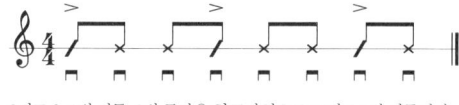
8비트 2-1번 리듬. 2번 구간은 하프타임으로 16비트 1번 리듬이다.

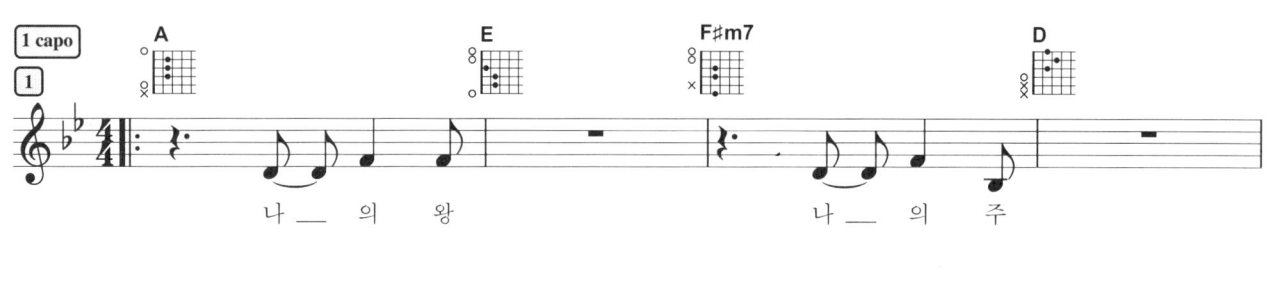
나_의 왕   나_의 주

내_ 삶은   주 안에 있_네_
          주를 높_이_네_

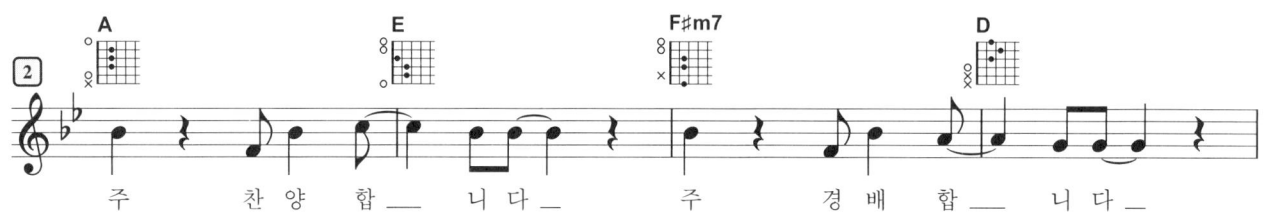
주 찬양합_니다_ 주 경배합_니다_

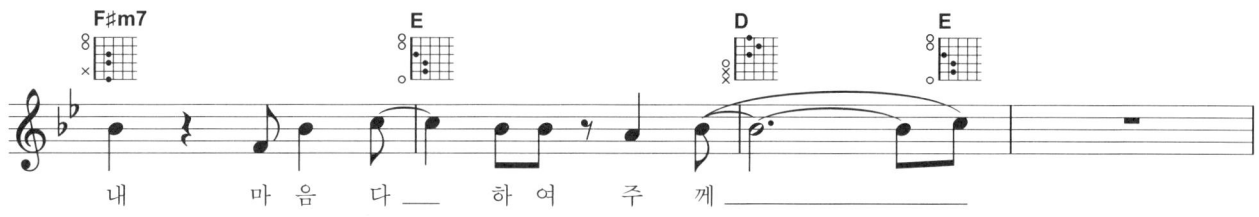
내 마음 다_하여 주께 _____

주 나의 친_구 되시고 내 영원한_ 기쁨 되_시네_
주 나의 소_망 되시_고 내 영원한_ 빛이 되_시네_

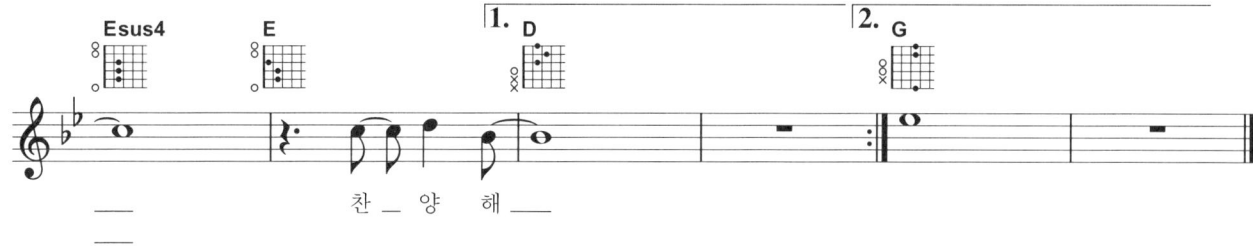
_ 찬_양해_

20. 낮은 곳으로

김강현 작사 작곡

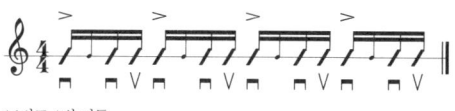
16비트 1번 리듬.

우리의 섬 김이_ 더 낮은 곳 으로_ 우리의 고 백이_ 더 낮은 곳 으로_
쓰러져 있는__ 그들을 향해__ 당신이 그랬듯_ 더 낮은 곳_ 으로_

낮은 곳_으로___ 우릴 초대_하 네__ 함께 하 자고_ 말씀 하시 네__

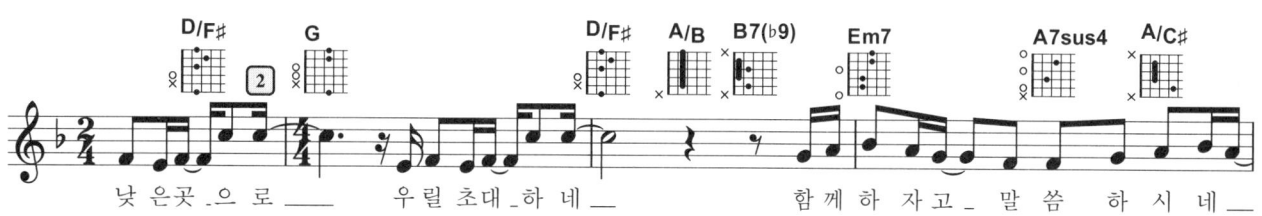
우 리도_ 예 수__ 그 길을_ 따 라__ 함께 가 길 원__ 하_네

주님 이 우_리 와__ 함께하_시 네__ 십자 가 피흘_린 예수 의손_으로__

모 든 아_픔 을__ 위로하_시 네__ 우리 에게 보_여_ 주 셨네__

Copyright ⓒ WELOVE CREATIVE TEAM. Administered by CAIOS. All rights reserved. Used by permission.

21. 나의 하나님은

박건우 작사 작곡

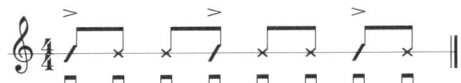

8비트 2-1번 리듬을 기본으로 원곡에서는 다양한 강세를 사용하여 연주한다. 4번 구간에서는 16비트 4번 리듬으로 가능하다.

나의 하 나님은 크고 강 하 신 힘과 권
능 으 로 능치 못 함 없 네 산과 들
과 골 짝 모두 주 의 것 저 하늘
날 위 해 찾아 오 신 주 십자가
의 별 들 다 주님 의 솜 씨 연약한
에 달 려 나를 구 하 셨 네 주의 놀
내 영혼 은 주를의 지 해 신실하
라운 사 랑 찬양하 리 라 자유케
신 주님 을 신뢰해 내
하 신 능 력 선포해

© 2019 박건우. Administered by KwangsooMedia. All rights reserved. Used by permission.

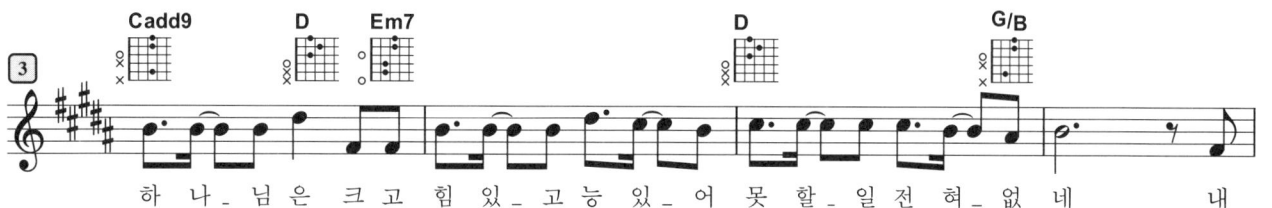

22. 날마다

Everyday
Joel Houston

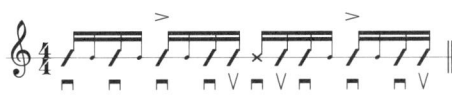
1번에서는 16비트 3번 리듬.

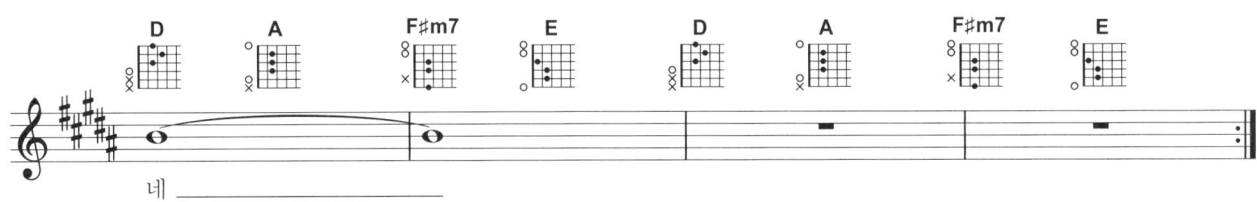

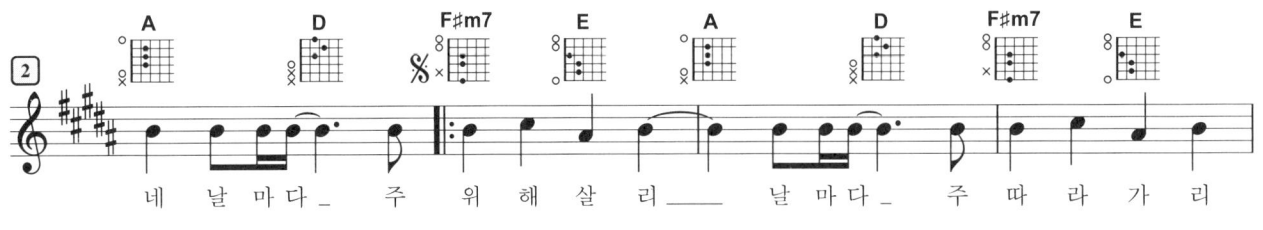

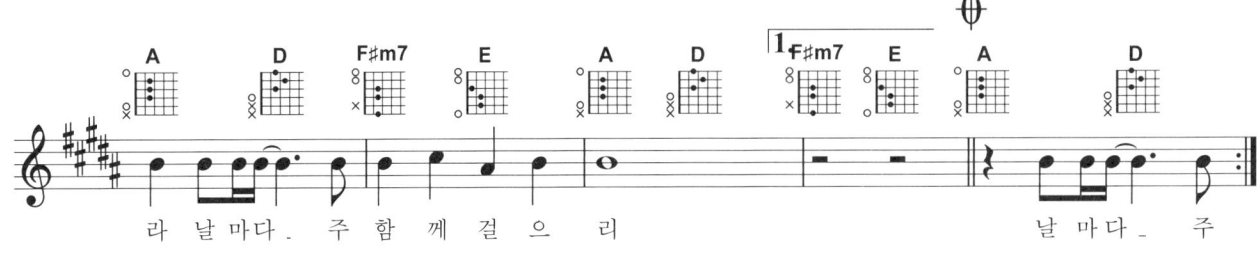

Words and Music by Joel Houston
© 1999 Hillsong Music Publishing Australia (admin in Korea by Universal Music Publishing/ CAIOS)

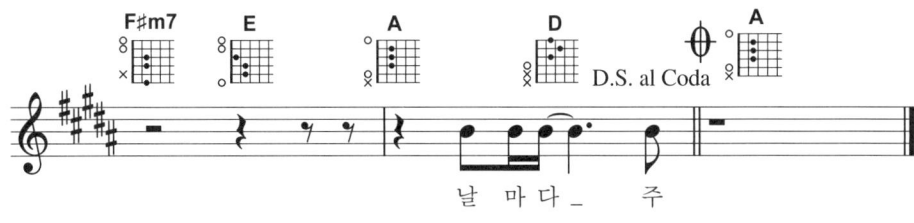

23. 내 마음 속 전부를

김민영 작사 작곡

24. 내 삶의 주인이라

박규혁 작사
임선호 작곡

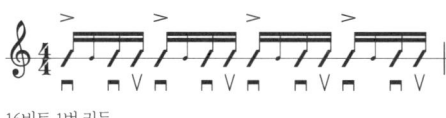
16비트 1번 리듬.

1
흘러간 어제 일과 마주한 오늘의 삶 속에 내 주님 계시네
위태로운 내 삶을 신실한 주의 사랑으로 완성해 가시네 창조의 사

2
랑이 나를 빚으시고 따스한 숨결 날 온전케 하네
속에 참 길이 되시고 이 길 끝에서 날 안아 주시네

태초부터 영원토록 그 사랑 내 영혼
내 평생의 모든 순간 그 사랑 내 삶을

1.
붙드시네 내 모든 삶

2.
인도하시네

3
내 삶의 주인이라 깊어진 하루의 끝에서 나 고백하리라

ⓒ 2021 박규혁, 임선호. Administered by KwangsooMedia. All rights reserved. Used by permission.

25. 내 맘에 오신 주

박규혁 작사
임선호 작곡

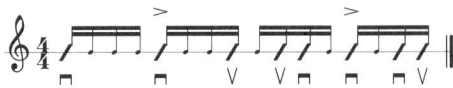

전주는 16비트 4번 리듬, 1번 구간에서는 16비트 2번, 2번에서는 16비트 3번 리듬.

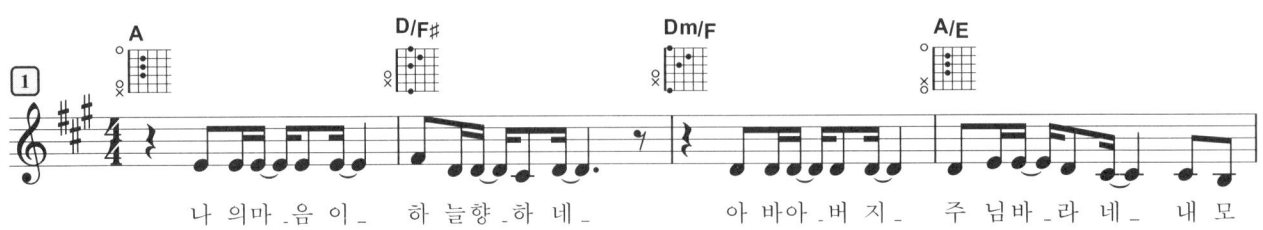

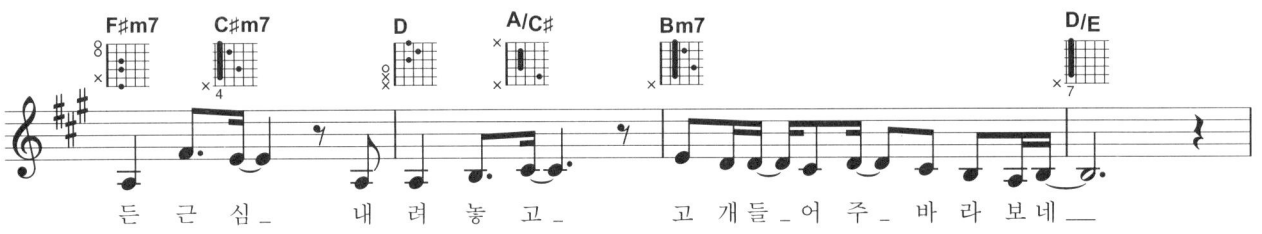

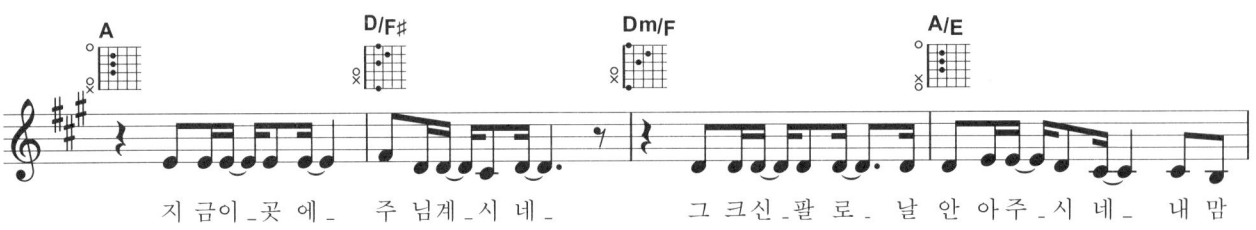

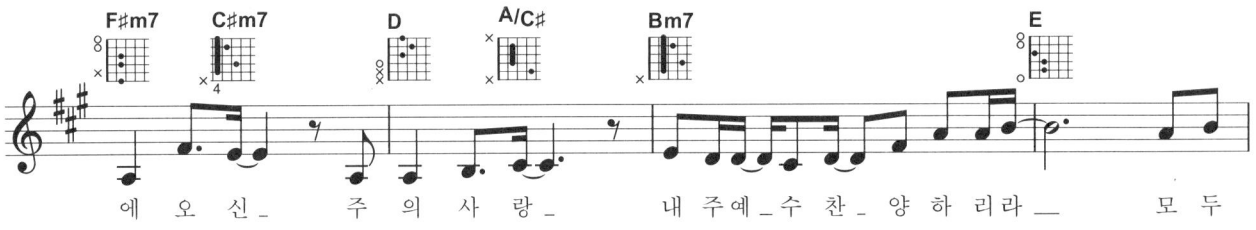

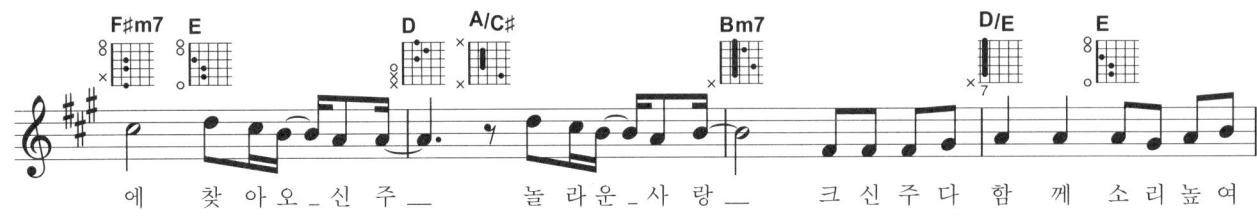

ⓒ 2018 박규혁, 임선호. Administered by KwangsooMedia. All rights reserved. Used by permission.

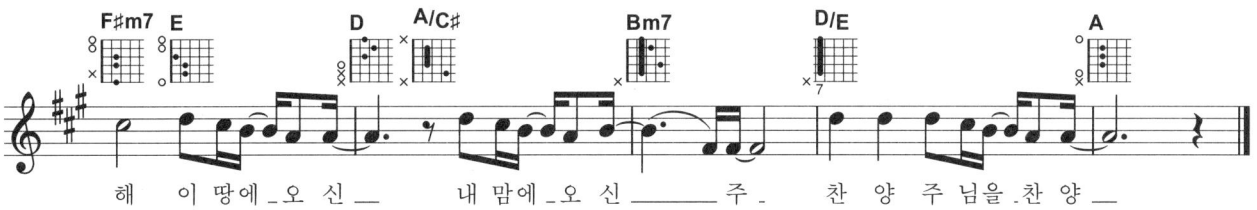

26. 내 주를 가까이

아이자야 씩스티원

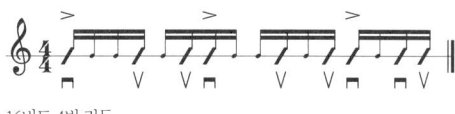

16비트 4번 리듬.

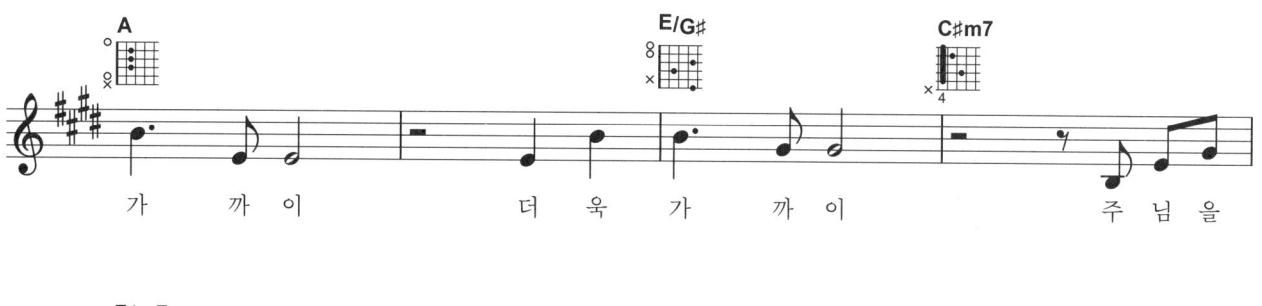
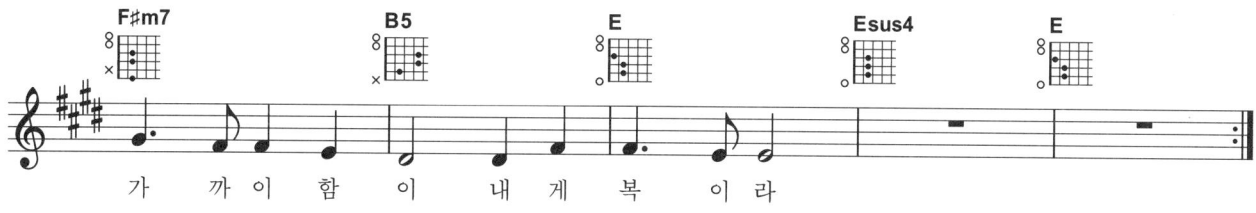

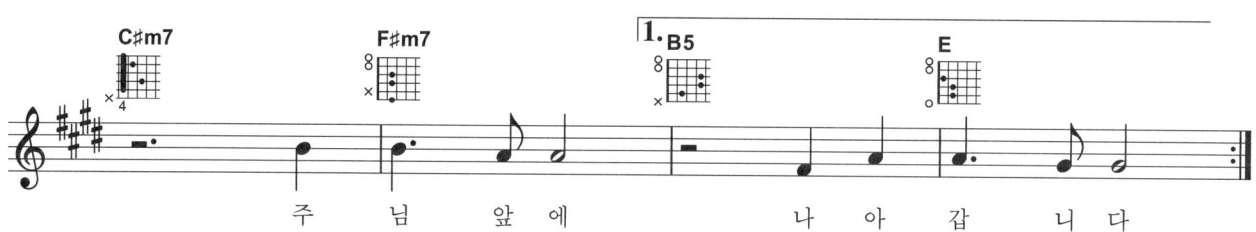
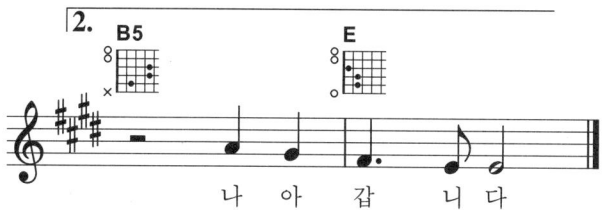

27. 놀라우신 은혜

This is amazing Grace

Jeremy Riddle, Josh Farro, Phil Wickham

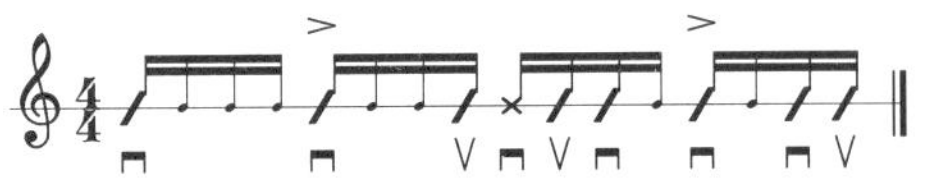

16비트 2번 리듬.

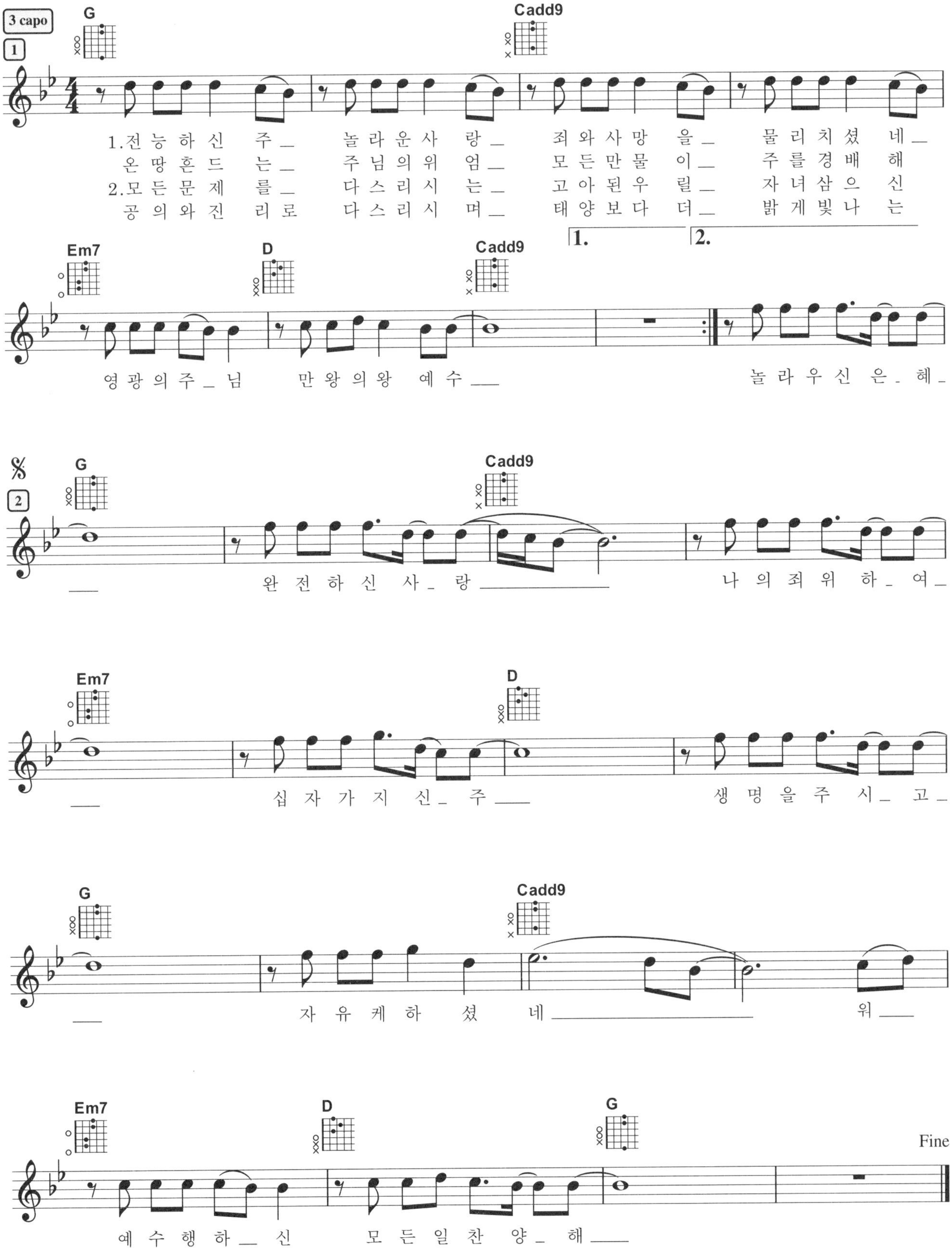

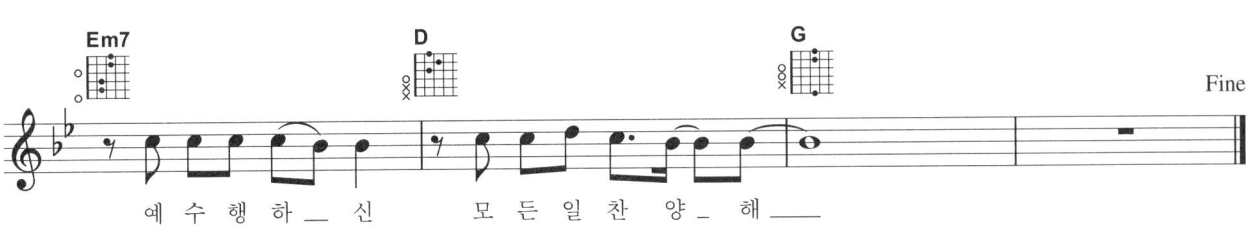

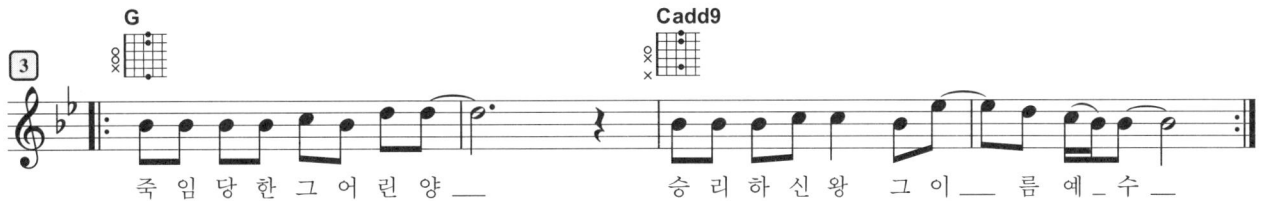

28. 놀라운 주의 사랑

Beautiful One
Tim Hughes

1번에서는 8비트 2-1번, 2번에서는 16비트 4번 리듬. 이 두 리듬은 다양한 곡에서 함께 사용된다.

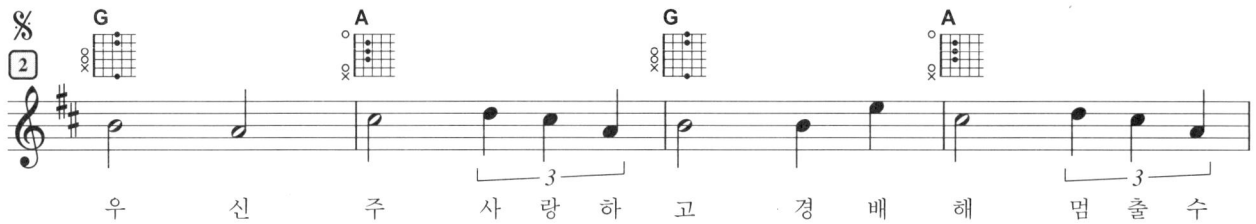

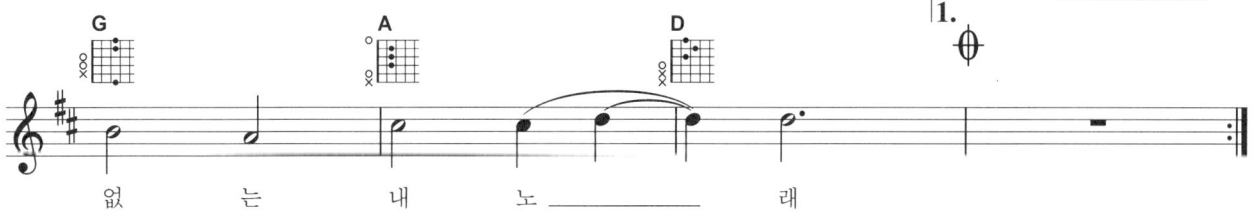

O.T. : Beautiful One / O.W. : Tim Hughes
O.P. : Thankyou Music Ltd / S.P. : Universal Music Publishing Korea, CAIOS Adm. : Capitol CMG Publishing / All rights reserved. Used by permission.

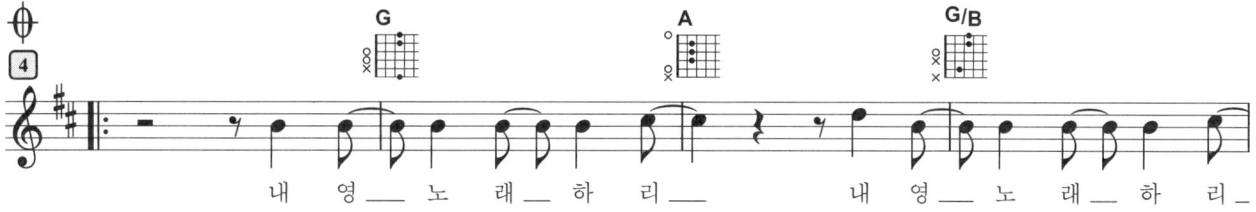

29. 높이 계신 주께

방민우 작사 작곡

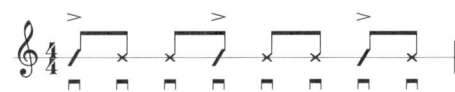

1번에서는 8비트 2-3번, 2번에서는 8비트 2-1번 리듬. 또한 2번에서는 16비트 4번 리듬도 가능하다.

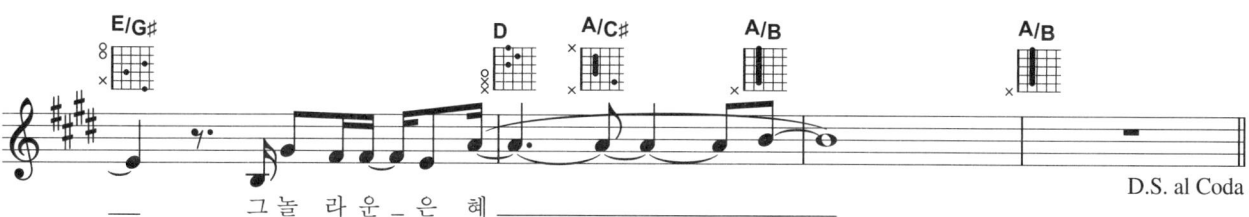
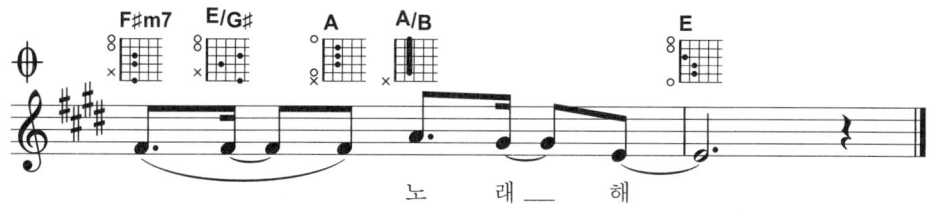

30. 내 한 가지 소원

One Thing Have I Desired
Stuart G. Scott

16비트 3번 리듬.

주님앞에_ 간구했었던_ 한 가지_ 그_ 것_____을 구

하 리니_ 내 일생_ 주 전에_ 거 하게_ 하 소 서 주의

아 름다움_ 늘 바라보.면서_ 내가 주 님 전에 서_ 주 찬양하.리라. 주의

아 름다움_ 늘 바라보.면서_ 내가 주 님 전에 서_ 주 찬양하.리라___

O.T. : One Thing Have I Desired (Ps. 27:4) / O.W. : Stuart G. Scott
O.P. : Cccm Music, Universal Music - Brentwood Benson Publ. / S.P. : Universal Music Publishing Korea, CAIOS Adm. : Capitol CMG Publishing / All rights reserved. Used by permission.

31. 더 원합니다

Takafumi Nagasawa

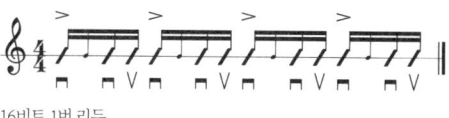
16비트 1번 리듬.

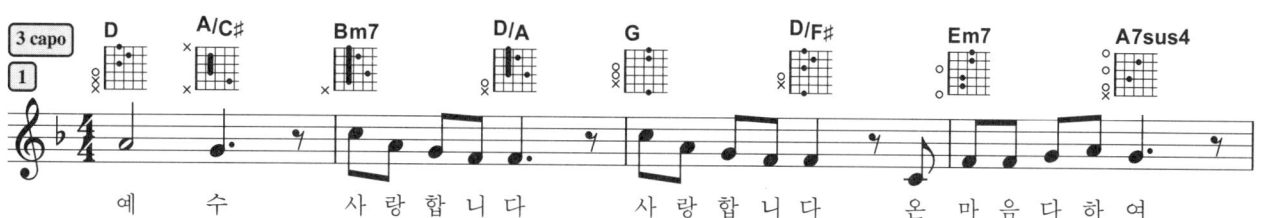

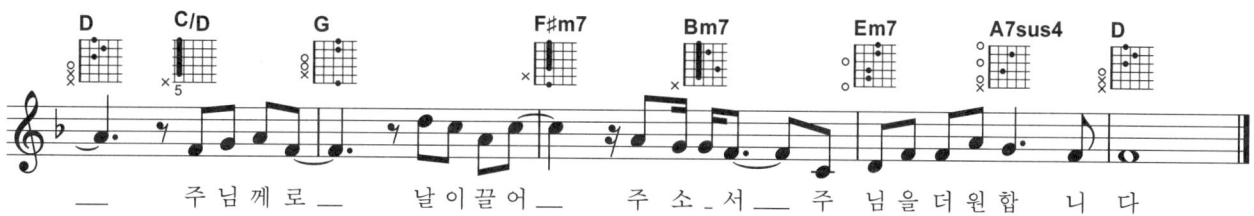

Copyright ⓒ Takafumi Nagasawa. Administered by CAIOS. All rights reserved. Used by permission. Authorised Korean translation by 박홍운. Administered by CAIOS.

33. 덮으소서

Cover the Earth

Israel Houghton, Meleasa Houghton, Cindy Cruse Ratcliff

1번 파트는 전체 섹션, 3번 파트에서는 8비트 2-1번 리듬 혹은 16비트 4번 리듬을 사용해보자. 4번 파트 역시 모두 섹션.

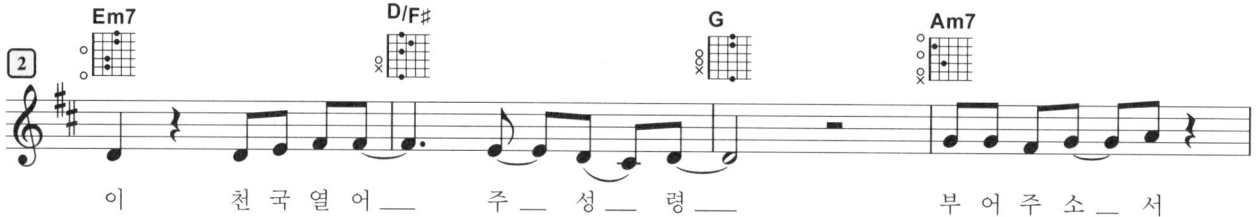

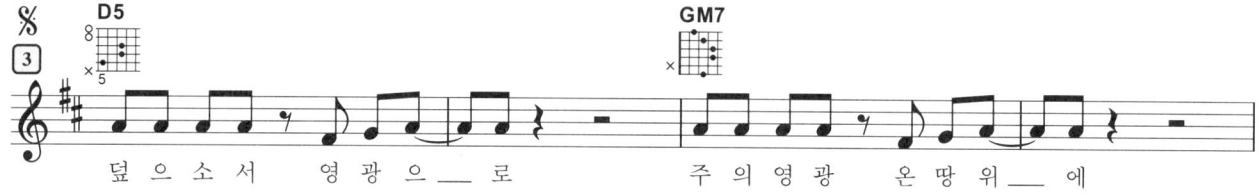

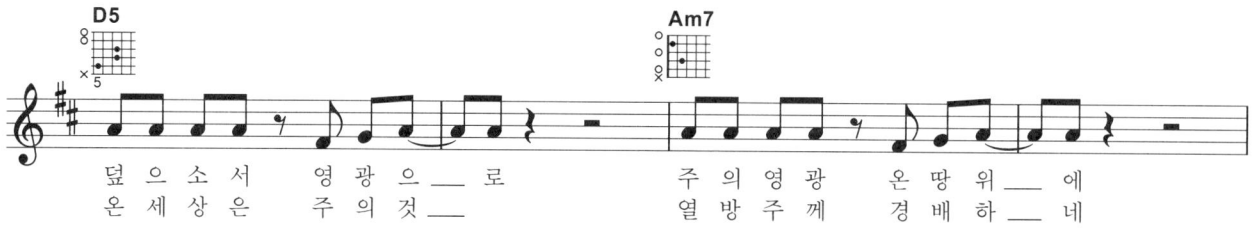

Copyright © 2003 Integrity's Praise Music/My Other Publishing Company/Lakewood Ministries. Administered by CopyCare Korea(copycarekorea@gmail.com). All rights reserved. Used by permission. Authorised Korean translation approved by CopyCare Korea.

34. 말씀앞에서

윤석주 작사 작곡

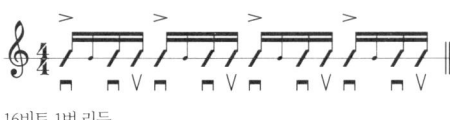

16비트 1번 리듬.

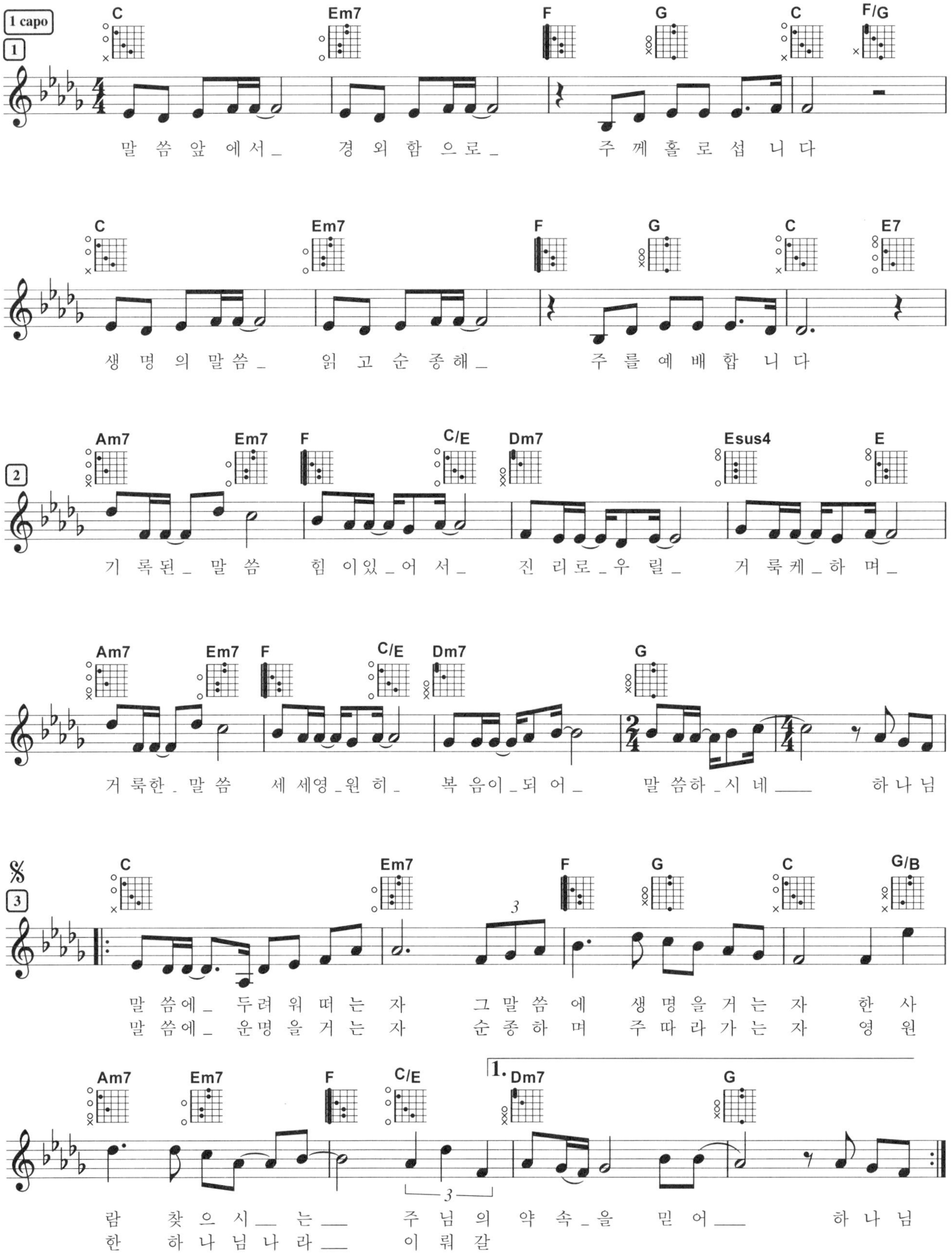

1 capo
C Em7 F G C F/G
말 씀 앞 에 서_ 경 외 함 으 로_ 주 께 홀 로 섭 니 다
C Em7 F G C E7
생 명 의 말 씀_ 읽 고 순 종 해_ 주 를 예 배 합 니 다
Am7 Em7 F C/E Dm7 Esus4 E
기 록 된_ 말 씀 힘 이 있_ 어 서_ 진 리 로_ 우 릴_ 거 룩 케_ 하 며_
Am7 Em7 F C/E Dm7 G
거 룩 한_ 말 씀 세 세 영_ 원 히_ 복 음 이_ 되 어_ 말 씀 하_ 시 네___ 하 나 님
C Em7 F G C G/B
말 씀 에_ 두 려 워 떠 는 자 그 말 씀 에 생 명 을 거 는 자 한 사
말 씀 에_ 운 명 을 거 는 자 순 종 하 며 주 따 라 가 는 자 영 원
Am7 Em7 F C/E Dm7 G
람 찾 으 시___ 는___ 주 님 의 약 속_ 을 믿 어___ 하 나 님
한 하 나 님 나 라___ 이 뤄 갈

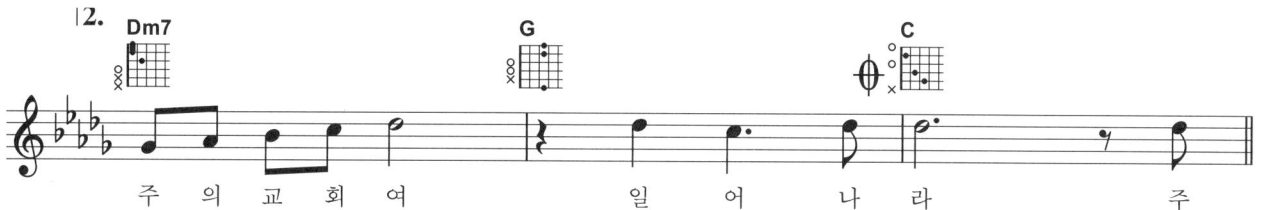
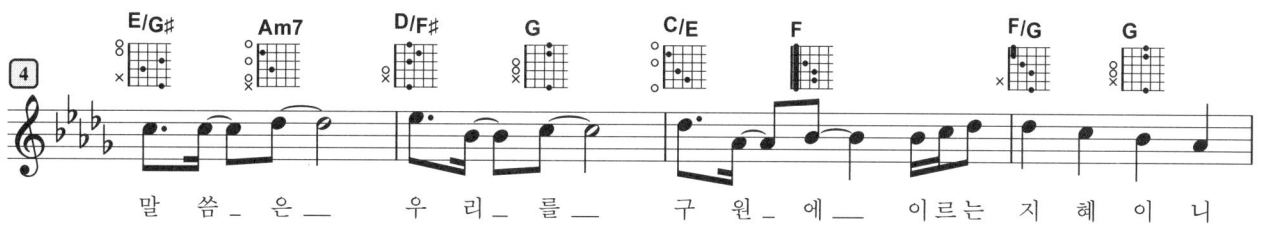

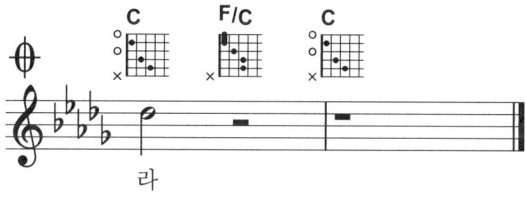

35. 매일매일

최요한 작사 작곡

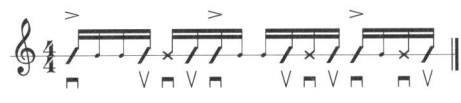
16비트 4번 리듬에 팜뮤트를 넣어서 연주한다.

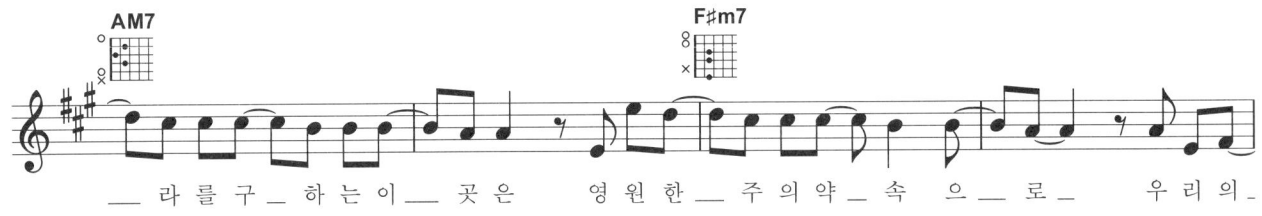

ⓒ 2016 Anointing Music. Administered by KwangsooMedia. All rights reserved. Used by permission.

36. 믿음으로 서리라

정선경, 황귀희 작사
이동희, 송명아 작곡

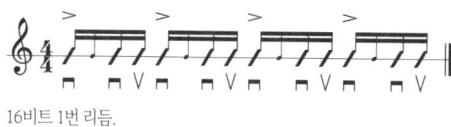
16비트 1번 리듬.

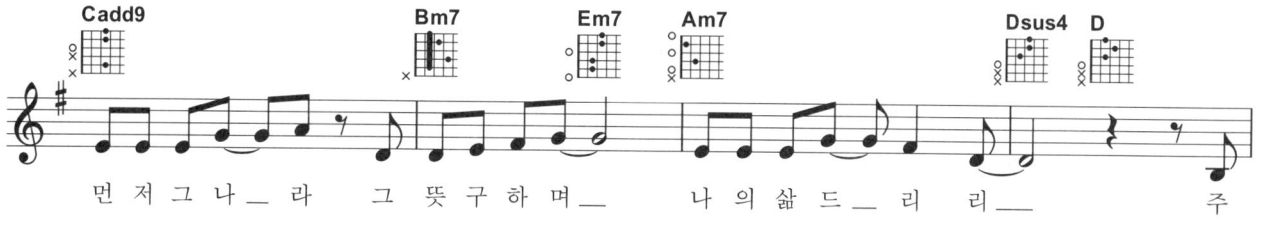

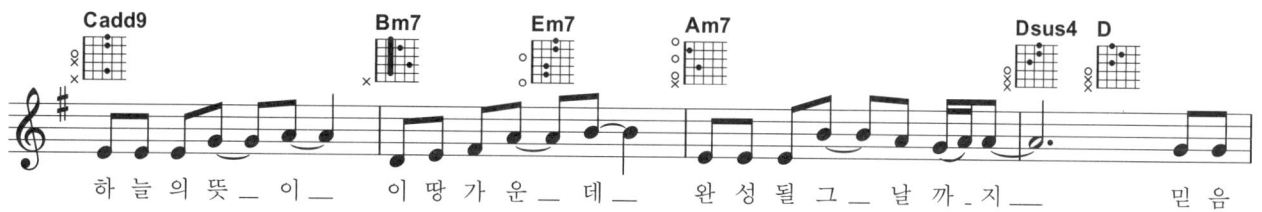

ⓒ 2013 정선경, 황귀희, 이동희, 송명아. Administered by KwangsooMedia. All rights reserved. Used by permission.

37. 모두 찬양해

Sing Sing Sing
Chris Tomlin, Daniel Carson, Jesse Reeves, Travis Nunn, Matt Gilder

8비트 2-1번 리듬에 팜뮤트를 넣어서 연주한다.

모두 찬양해__ 천국에__울리__는 노래 모_두

찬양해__ 주__님 들__으 시__네 감_사

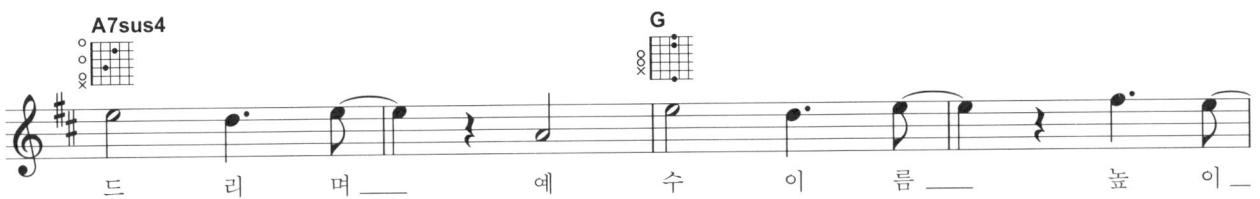
드 리 며__ 예 수 이 름__ 높 이__

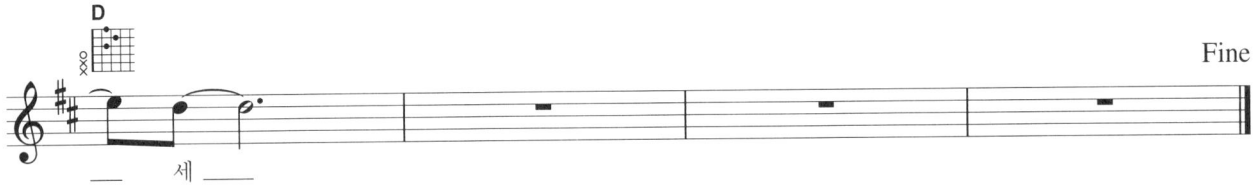
__세__ Fine

사 랑 스러__운 주__님 땅과 하늘__찬양__해

열__방 이__ 경배__해 예 수 님__당 신__은 주_

O.T. : Sing Sing Sing / O.W. : Chris Tomlin, Daniel Carson, Jesse Reeves, Travis Nunn, Matt Gilder
O.P. : worshiptogether.com Songs, sixsteps Music, Vamos Publishing / S.P. : Universal Music Publishing Korea, CAIOS Adm. : Capitol CMG Publishing / All rights reserved. Used by permission.

39. 밝은 빛이 가득해

박은총 작사 작곡

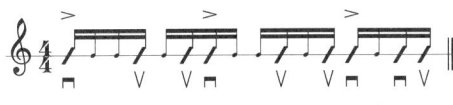
16비트 4번 바운스 리듬.

밝은 빛이 가_득해__ 주은 혜와 사_랑에__ 이 곳에 모_인 우_릴__ 주가

기 뻐하_시네_____ 주를 향한 사_랑과__ 우리 모 든 찬_양을__ 주가

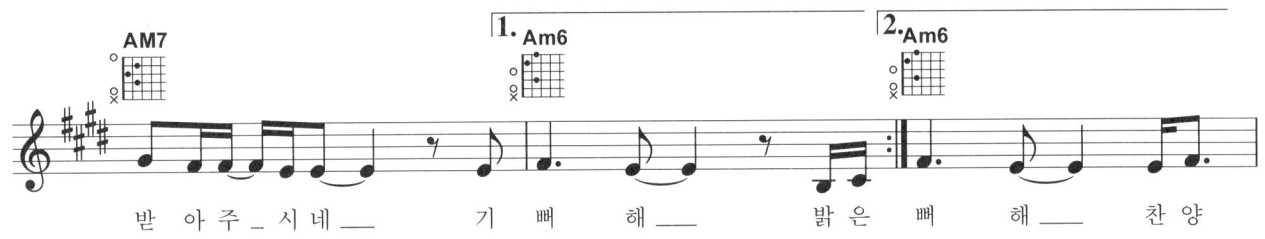
받 아 주_시네__ 기 뻐 해__ 밝 은 뻐 해__ 찬 양

해 주가 함 께 하_시네__ 우릴 사 랑 하_시네__ 우리 맘 을 드_려_

놀 라 우_신 주 사랑 찬양 해 그가 베 푸신_사랑__ 우리 삶 에 가_득해_

__ 우 린 기 뻐 노 래 해__

Copyright ⓒ WELOVE CREATIVE TEAM. Administered by CAIOS. All rights reserved. Used by permission.

40. 밤이나 낮이나

레베카황 작사 작곡

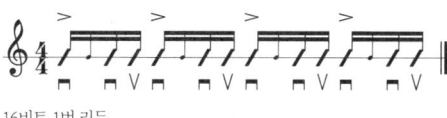
16비트 1번 리듬.

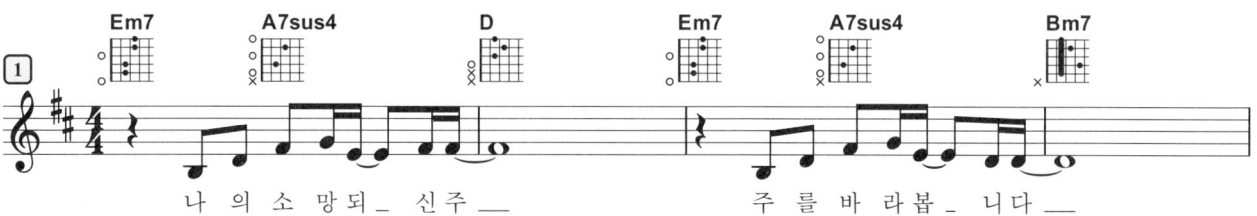

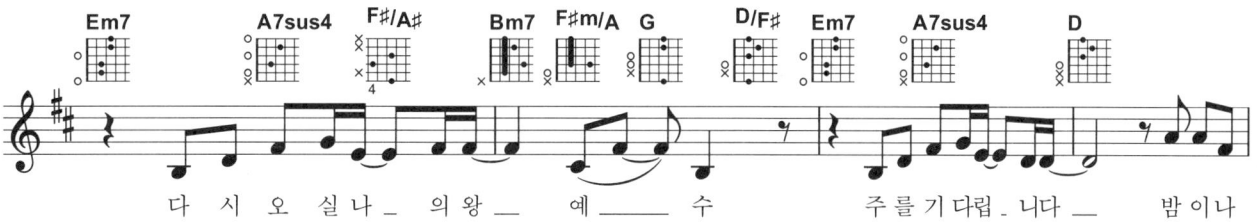

Copyright ⓒ Rebecca HWANG. Administered by CAIOS. All rights reserved. Used by permission.

41. 불가능 가능케 돼

Nothing is Impossible
Joth Hunt

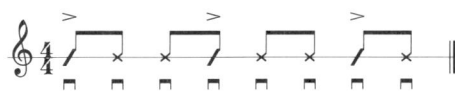

8비트 2-1번 리듬. 섹션이 많다.

모든 것을 할 수 있네 나의 힘 되신

능력의 주로 인해 No-thing is im-po-si-ble

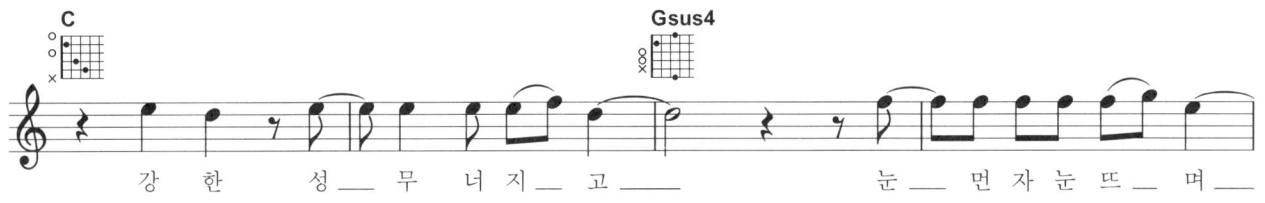

강한 성 무너지고 눈먼 자 눈 뜨며

믿음 안에 살 때 No-thing is im-po-si-ble

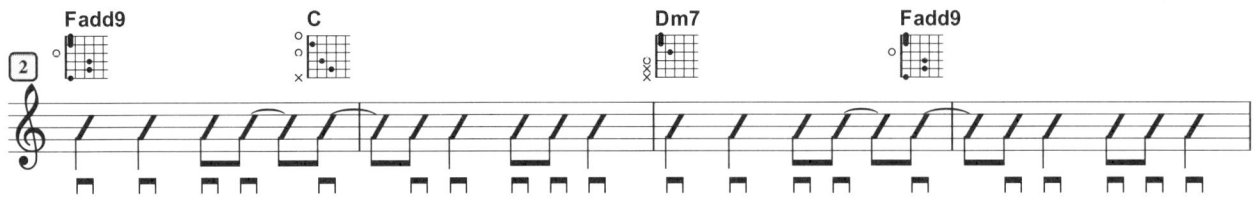

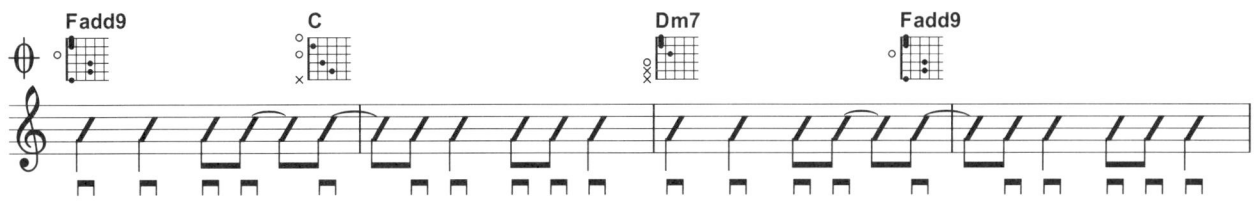

Copyright © 2011 Planet Shakers Ministries International Inc.
Administered by CopyCare Korea(copycarekorea@gmail.com). All rights reserved. Used by permission. Authorised Korean translation approved by CopyCare Korea.

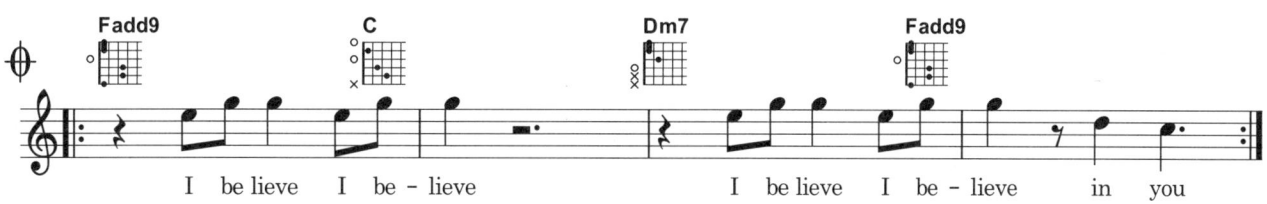

42. 삶의 예배

최재영 작사 작곡

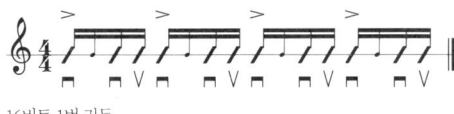

16비트 1번 리듬.

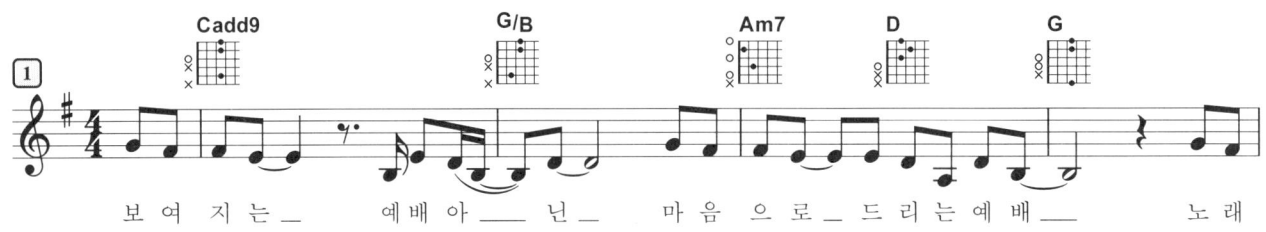

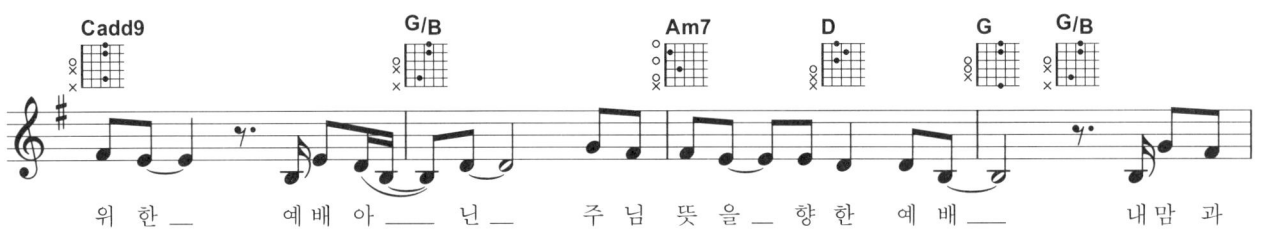

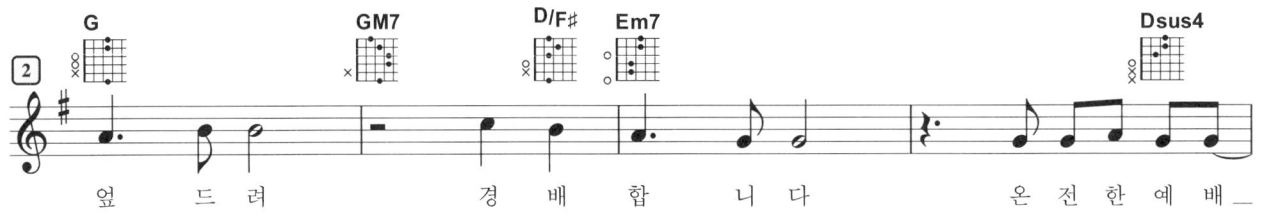

Copyright © Isaiah 6tyOne. Administered by CAIOS. All rights reserved. Used by permission.

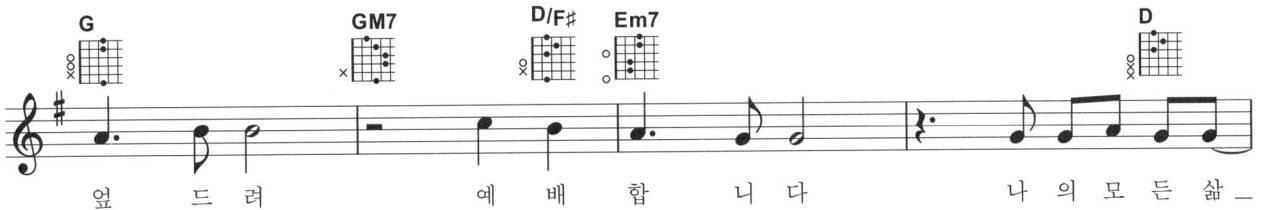
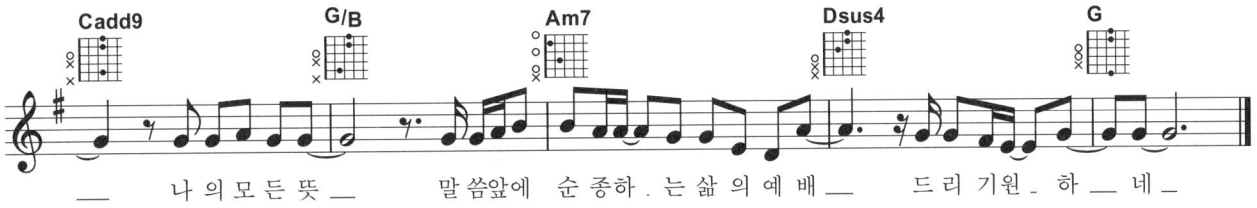

43. 새로운 마음

아이자야씩스티원

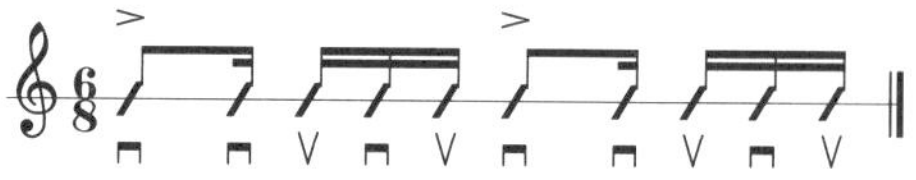

Copyright © Isaiah 6tyOne. Administered by CAIOS. All rights reserved. Used by permission.

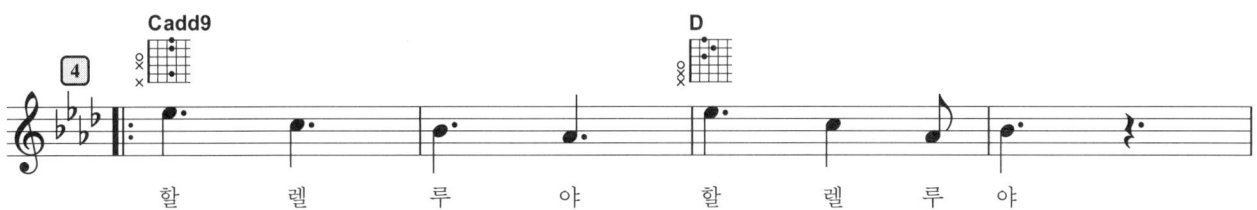

44. 사랑 중에 사랑

박은총, 김강현, 하민하 작사
박은총, 김강현 작곡

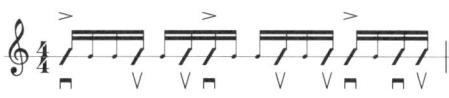

16비트 4번 리듬.

45. 선한 능력으로

Dietich Bonhoeffer, Shegfried Fietz.

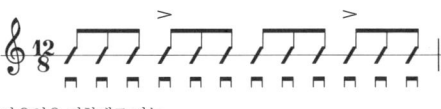

다운업은 편한대로 가능.

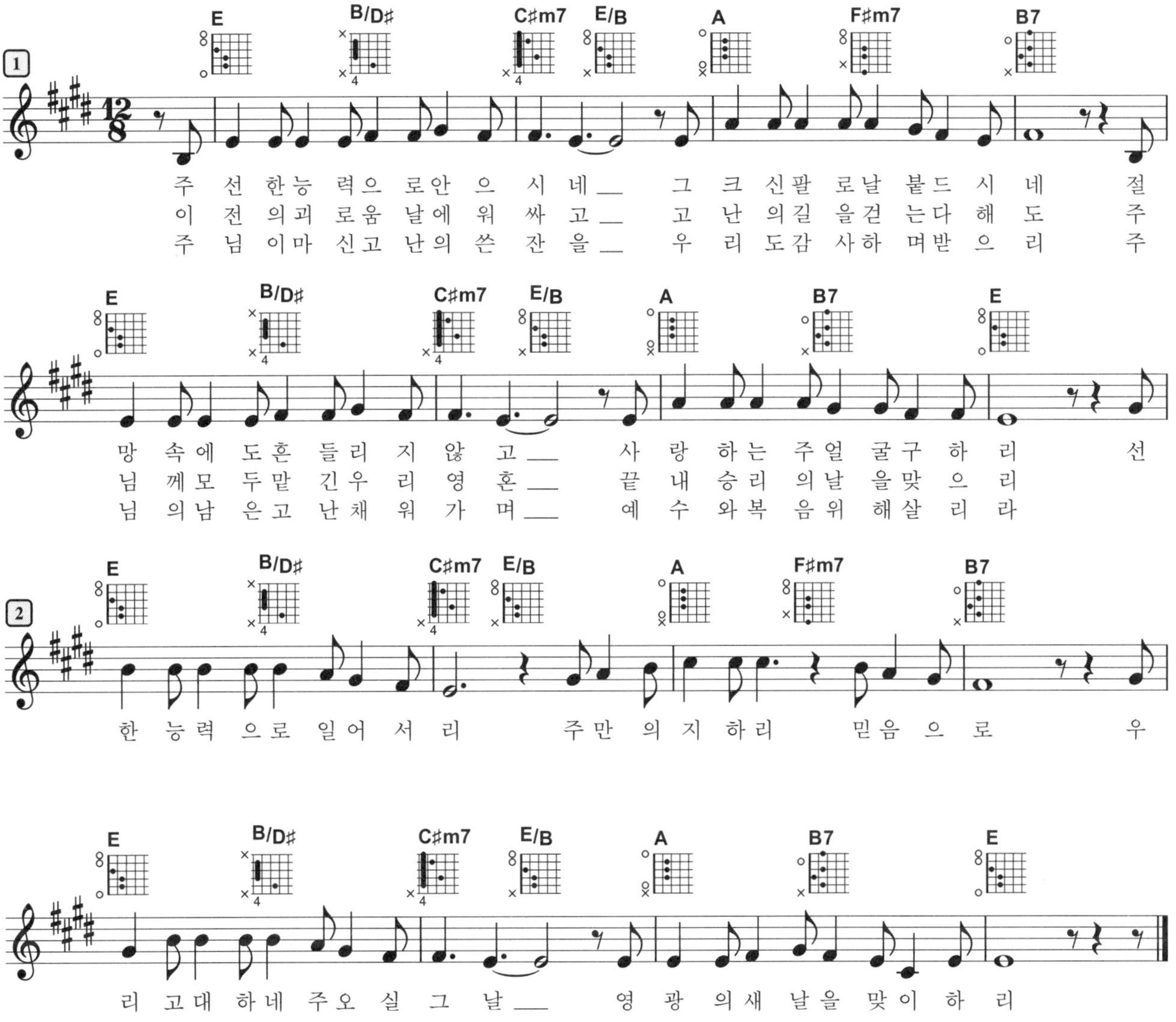

1
E B/D♯ C♯m7 E/B A F♯m7 B7
주 선 한능 력으 로안 으 시 네__ 그 크 신팔 로날 붙드 시 네 절
이 전 의괴 로움 날에 워 싸 고__ 고 난 의길 을걷 는다 해 도 주
주 님 이마 신고 난의 쓴 잔 을__ 우 리 도감 사하 며받 으 리 주
E B/D♯ C♯m7 E/B A B7 E
망 속에 도흔 들리 지 않 고__ 사 랑 하는 주얼 굴구 하 리 선
님 께모 두맡 긴우 리 영 혼__ 끝 내 승리 의날 을맞 으 리
님 의남 은고 난채 워 가 며__ 예 수 와복 음위 해살 리 라
2
E B/D♯ C♯m7 E/B A F♯m7 B7
한 능력 으로 일어 서 리 주만 의 지 하리 믿음 으 로 우
E B/D♯ C♯m7 E/B A B7 E
리 고대 하네 주오 실 그 날__ 영 광 의새 날을 맞이 하 리

46. 성령이여 내 영혼을

이천 작사 작곡

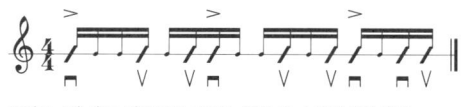

16비트 4번 리듬. 팜뮤트나 커트는 연주 중 수시로 사용한다.

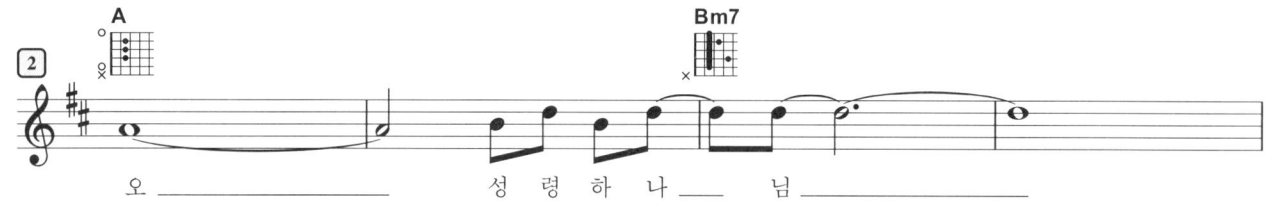

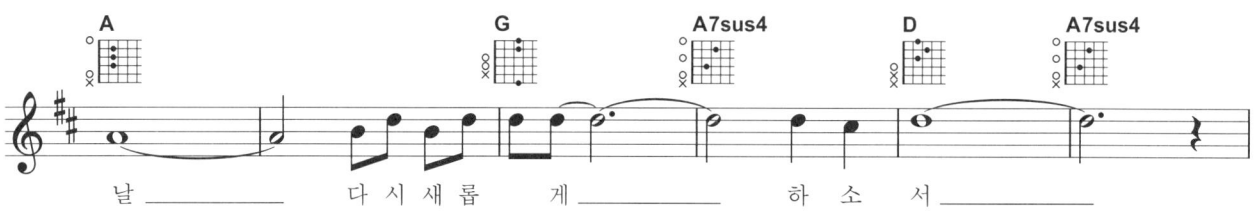

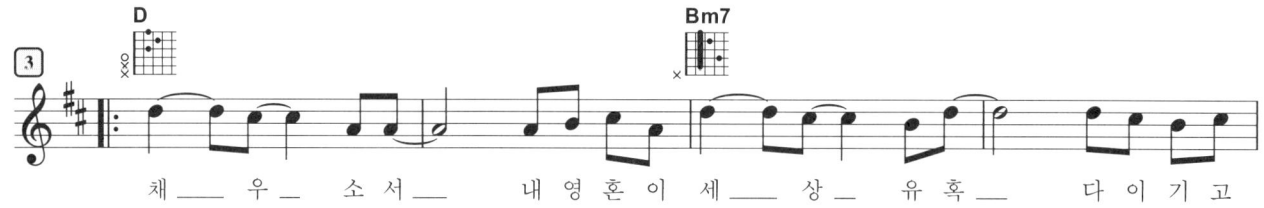

47. 소리높여

김지은, 주민정 작사 작곡

16비트 2번 리듬을 변형하여 사용한다.

48. 송축해 내 영혼

10,000 Reasons
Matt Redman, Jonas Myrin

16비트 1번 리듬.

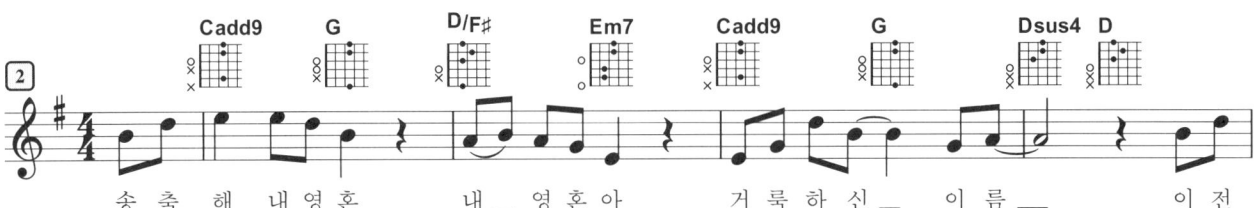
송축해 내영혼 내_영혼아 거룩하신_이름_이전

에 없었던 노래로 나 주님을경_배해__ 해

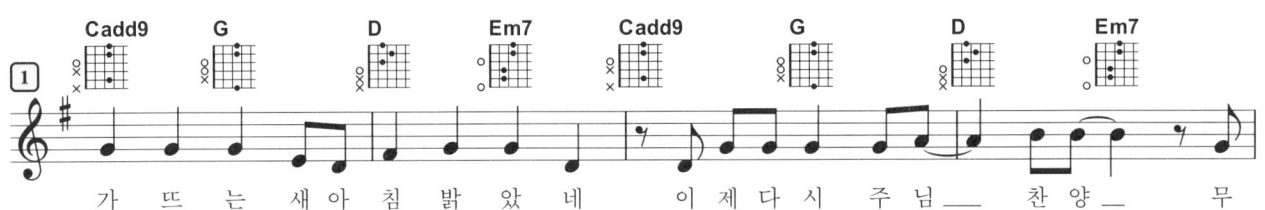
가 뜨 는 새아 침 밝 았 네 이제다시 주님_ 찬양_ 무

슨일이_나 어떤 일이내게 놓여도 저녁이올땐나는

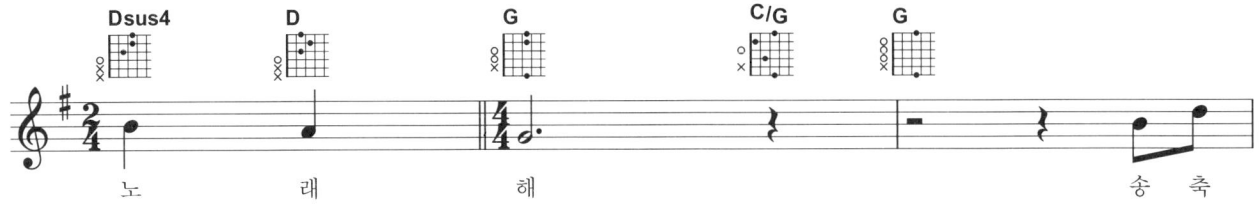
노 래 해 송 축

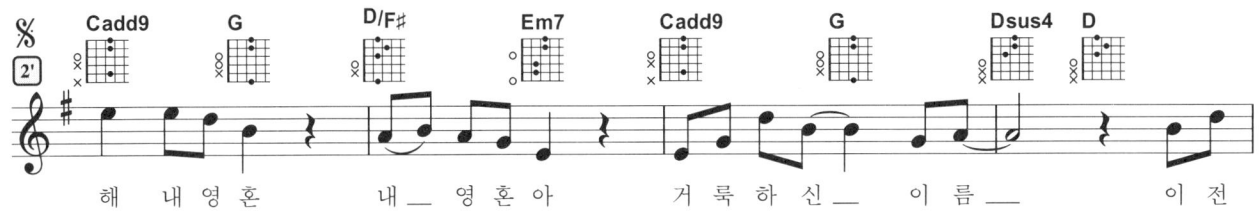
해 내영혼 내_영혼아 거룩하신_이름_이전

O.T. : 10,000 Reasons (Bless The Lord) / O.W. : Matt Redman, Jonas Myrin
O.P. : worshiptogether.com Songs, sixsteps Music, Atlas Mountain Songs, Thankyou Music Ltd / S.P. : Universal Music Publishing Korea, CAIOS
Adm. : Capitol CMG Publishing / All rights reserved. Used by permission.

49. 시간을 뚫고

김강현 작사 작곡

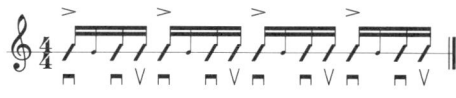

16비트 1번 리듬. 브리지에서는 16-4번으로.

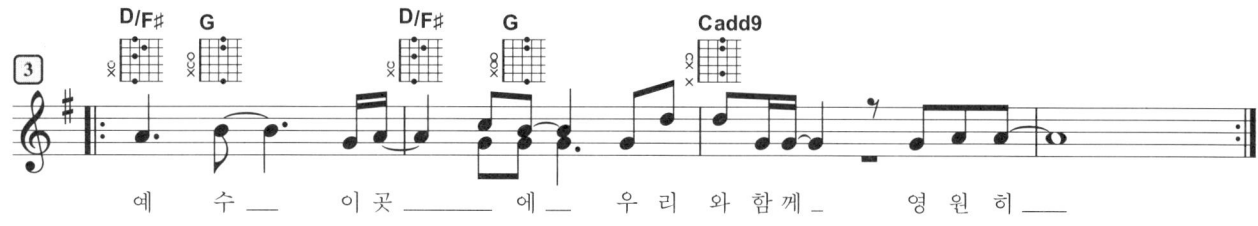

Copyright ⓒ WELOVE CREATIVE TEAM. Administered by CAIOS. All rights reserved. Used by permission.

50. 신실하시네

아이자야씩스티원

1 | Cadd9 | Am7 | F | Cadd9 |

내 맘 이 헛된 욕 심에 ___ 갇 혀 주의 선하신 ___ 뜻 을 보지 못할 때
내 맘 의 눈을 돌 이키 ___ 시 고 주의 말씀으 ___ 로 날 인도 하소서

2 | Am7 | G | F | G |

모 든 두 려 움 버 리 고 주 의 약 속 만 을 바 라 봅 니 다

| Am7 | G | F | G |

나 의 피 난 처 되 시 는 방 패 되 신 주 만 의 지 하 리 라

3 | Cadd9 | Am7 | F | G |

주 의 뜻 하 늘 보다 ___ 높 고 바 다 보 다 깊 고 신 실 하 시 네
내 마 음 다 하 여 주 ___ 님 이 계 신 그 곳 으 로 나 아 가 리 라

4 | Am7 | Em7 | F | Cadd9 G/B |

영 원 히 신 실 하 신 주 의 사 랑 무 엇 도 끊 을 수 없 는 사 랑

| Am7 | Em7 | F | Cadd9 G |

모 든 영 광 과 찬 양 받 으 소 서 영 원 토 록 주 이 름 찬 양 해

Copyright ⓒ Isaiah 6tyOne. Administered by CAIOS. All rights reserved. Used by permission.

51. 아버지의 사랑으로

송민선 작사
김채림 작곡

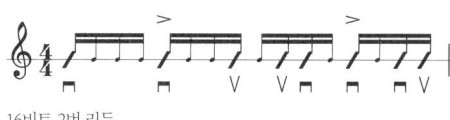
16비트 2번 리듬.

하늘에 계신 아버지_ 그 크신 사_랑은__ 가득

차고도_ 넘쳐 이곳_에 흘러__ 내리네__

우리는 그 사랑을 받아_ 조심스레 이_어가네__ 당신의_

나라에 살아갈 이웃들을 위해__ 아버지의_

_사랑_으_로_ 이곳에서 사_랑을 이_어가네__ 어딘가에_

_서 부딪히고__ 또 다른 곳에__서 넘어져도__ 아버지의_

Copyright ⓒ WELOVE CREATIVE TEAM. Administered by CAIOS. All rights reserved. Used by permission.

52. 언제나 주만

김지은, 현지혜 작사
김지은 작곡

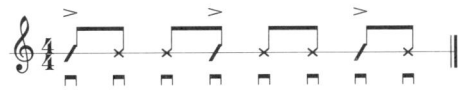
8비트 2-1번 리듬. 다양하게 변형해서 사용 가능하며 섹션이 많이 사용된다.

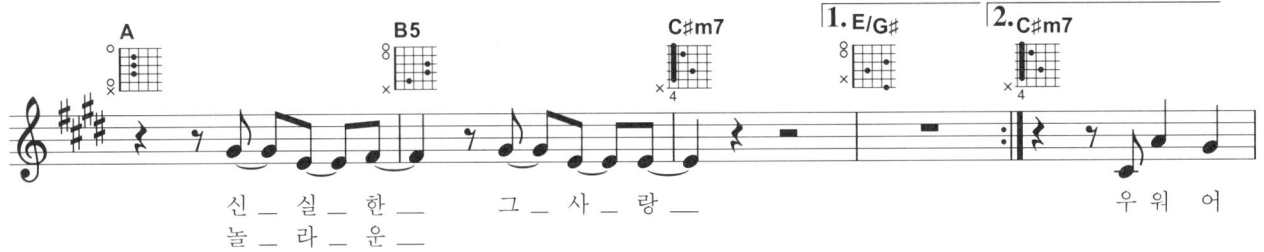

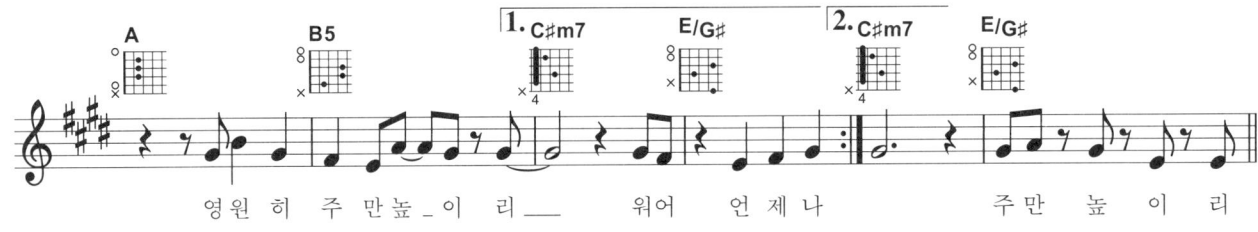

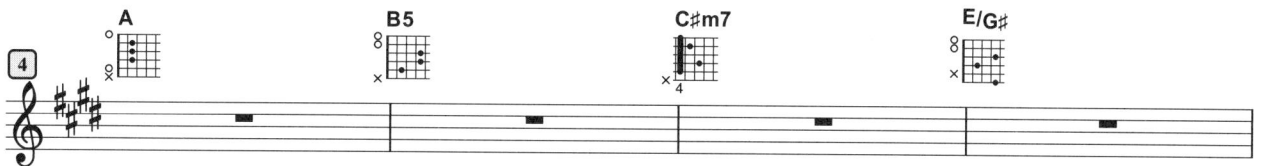

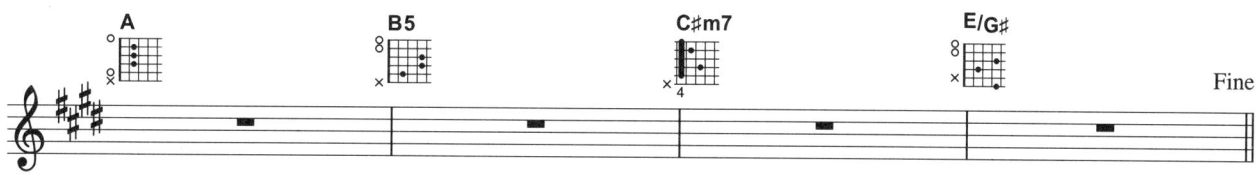

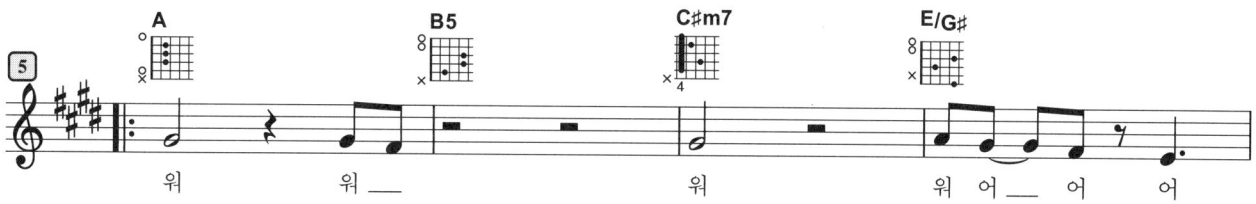

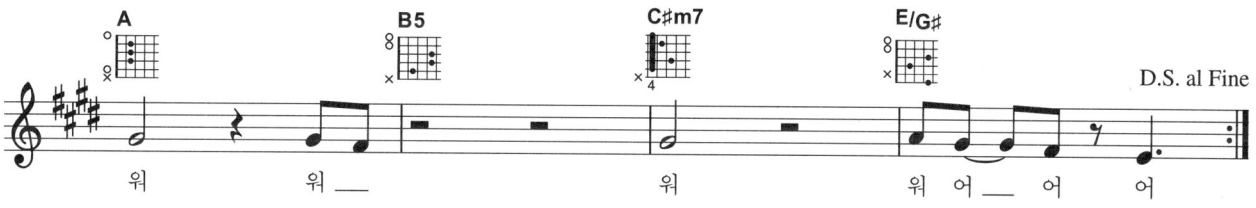

53. 어떤말로도

이지음 작사 작곡

16비트 2번 리듬. 커트를 넣어보자.

1 capo

[1]

어떤말로_도_ 모두다말할수_없네_ 내게차_

_고넘치게 채_워주시는은_혜_ 무슨노래_

_로_ 이것을모두말_할까_ 멈추지_

_않으시는 나_를향하신사_랑_ Fine 멈출수_

[2]

_없네_멈추지_않으리_ 주를향해부_르는이노래_

다함이_없네_끝나지_않으리_

우릴향해넘_치는그사랑_ D.C. al Fine

ⓒ 2005 Anointing Music. Administered by KwangsooMedia. All rights reserved. Used by permission.

54. 여호와의 집으로 올라가

임선호 작사 작곡

16비트 2번 리듬. 곡 전체적으로 당김음이 많다.

1 capo

[1]
여___호와의집 으로올___라가_ 성___문안에우 리는서___리라_ 주_
좌위에앉 으신여___호와_ 우___리들을다 스려주___시니_ 주

1.
___님이허락한 이땅위_에서_ 여호와를 찬양하_리라__ 보__

2.
___님이주시 는 넘치는_은혜_ 여호 와께 감사드_리라__ 영원하_신왕_

[2]
___주 찬_양하라_ 주의성_소에_다 모_이리라__ 주께온_전한_
주의선_하심__다 외_치리라__ 주를높_이며_

___예배를 드리는자가_ 이땅에_넘쳐_나리라__
___주님__의크신능력을_ 모두가__ 노래_하리라__

ⓒ 2019 임선호. Administered by KwangsooMedia. All rights reserved. Used by permission.

55. 예배하는 이들에게

이종현 작사 작곡

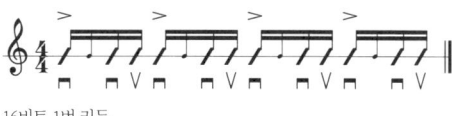

16비트 1번 리듬.

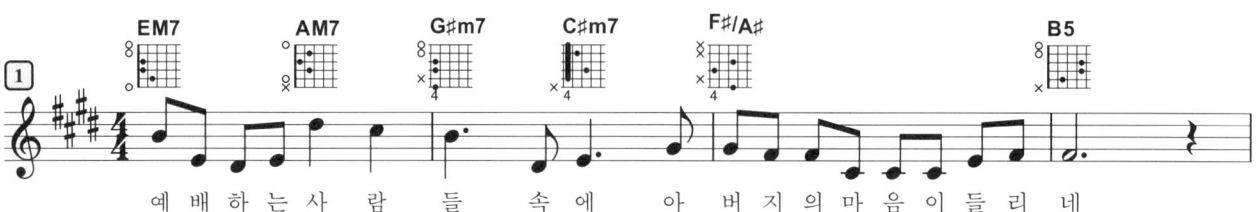

예배하는 사람들 속에 아버지의 마음이 들리네

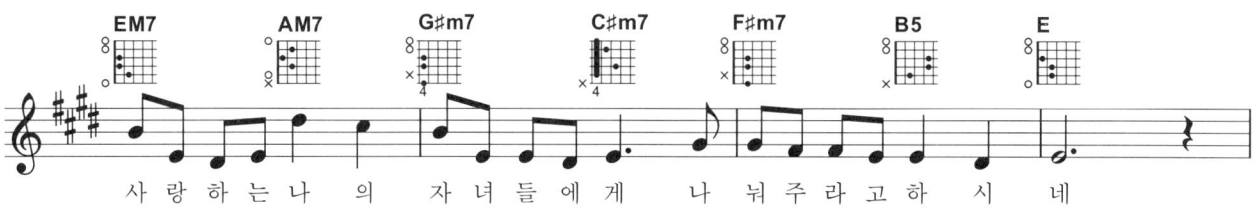

사랑하는 나의 자녀들에게 나눠주라고 하시네

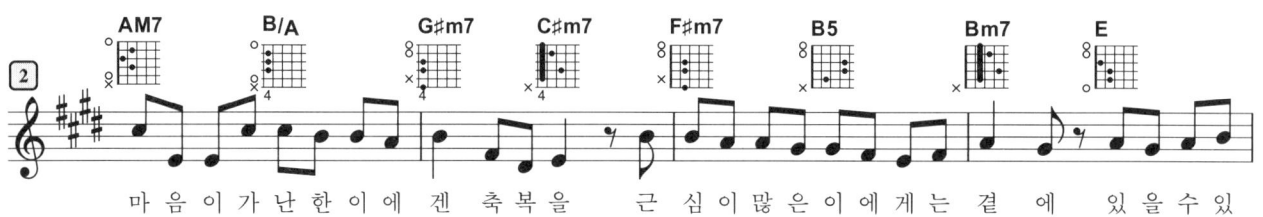

마음이 가난한 이에겐 축복을 근심이 많은 이에게는 곁에 있을 수 있

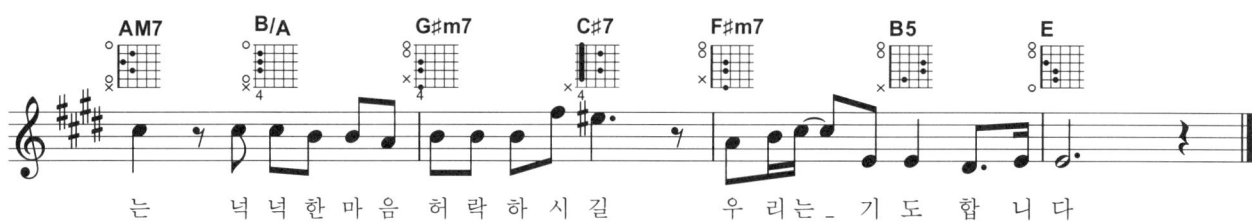

는 넉넉한 마음 허락하시길 우리는 기도합니다

Copyright ⓒ WELOVE CREATIVE TEAM. Administered by CAIOS. All rights reserved. Used by permission.

56. 예수안에 소망 있네

In Christ Alone
Keith Getty, Stuart Townend

1 capo

[1]
예수 안에 소망있네 내 빛과 힘 나의 노래 환란 중 주사랑
완전하신 하나님이 우리와 같이 되셨네 영광스런 그의
죽임당한 세상의 빛 어둠 속에 누이셨네 나의 사랑에 신
주 예수의 능력으로 내 속에 두려움 없네 어느 것

에 도우시는 주 나의 견고한 반석 크신 사랑
과 그 공의로 세상을 구원하셨네 십자가 에
런 그의 날에 무덤에서 부활했네 승리하는
는 모든 순간 주께서 다스리시네 어느 것

[2]
랑에 크신 평화 두려움에서 날 건지네 내 위로
에신 주 달리사 그 진노를 거두셨네 내 모든
도 주 우리주님 원수들을 물리쳤네 나 주의
도 주 손에서 날 빼앗지 못하리라 주 오실

자 내 모든 것 주 사랑 안에서 리라
죄 담당하신 주 은혜 안에 살리라
것 주 나의 것 주 보혈 안에 살리라
날 기다리며 주 능력 안에서 리라

O.T. : In Christ Alone / O.W. : Keith Getty, Stuart Townend
O.P. : Thankyou Music Ltd / S.P. : Universal Music Publishing Korea, CAIOS Adm. : Capitol CMG Publishing / All rights reserved. Used by permission.

57. 예수 예수

김도현 작사 작곡

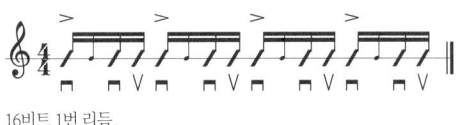

16비트 1번 리듬.

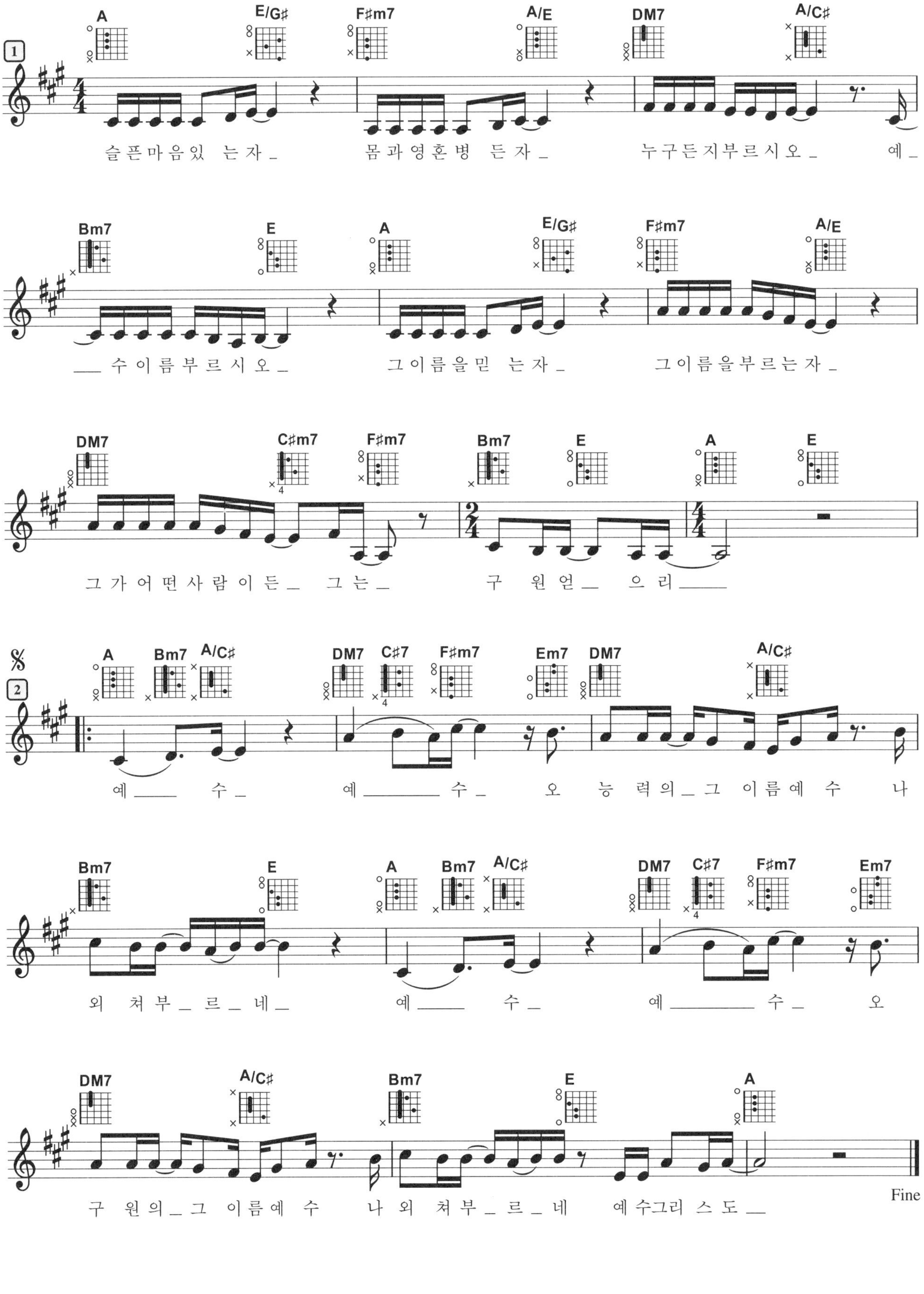

1
A E/G♯ F♯m7 A/E DM7 A/C♯
슬픈마음있 는자_ 몸과영혼병 든자_ 누구든지부르시오_ 예_
Bm7 E A E/G♯ F♯m7 A/E
__ 수이름부르시오_ 그이름을믿 는자_ 그이름을부르는자_
DM7 C♯m7 F♯m7 Bm7 E A E
그가어떤사람이든_ 그는_ 구 원얻_ 으리___
2
A Bm7 A/C♯ DM7 C♯7 F♯m7 Em7 DM7 A/C♯
예___ 수_ 예_____ 수_ 오 능 력의_그 이름예 수 나
Bm7 E A Bm7 A/C♯ DM7 C♯7 F♯m7 Em7
외 쳐부_ 르_ 네_ 예___ 수_ 예_____ 수_ 오
DM7 A/C♯ Bm7 E A
구 원의_그 이름예 수 나외 쳐부_ 르_ 네 예수그리 스 도__
Fine

58. 예수 예수 예수

배지완 작사 작곡

16비트 1번 리듬.

주님을 사랑하 는그기쁨을 그즐거움 을빼앗기 지않 게 하소 서 주님을

사랑하 는그기쁨을 그즐거움 을빼앗기 지않 게 하소서 예수

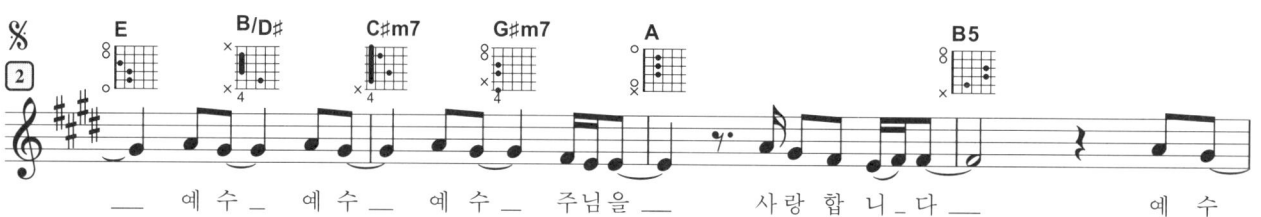
예수 예수 예수 주님을 사랑합니다 예수

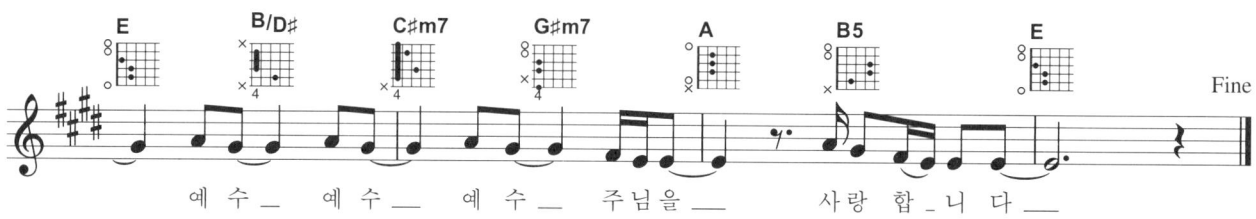
예수 예수 예수 주님을 사랑합니다

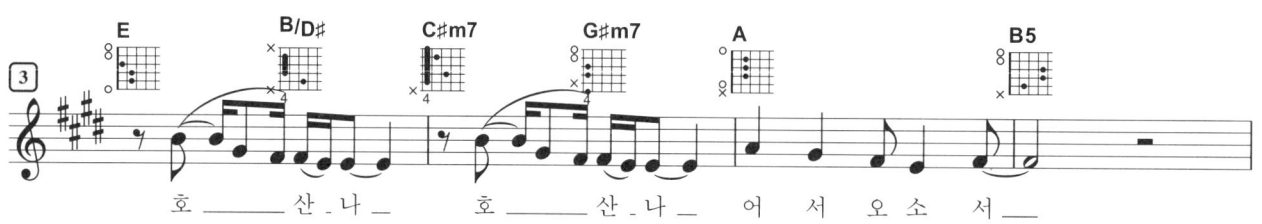
호 산 나 호 산 나 어서 오소서

호 산 나 호 산 나 어서 오소서 우리왕

ⓒ 2008 배지완. Administered by KwangsooMedia. All rights reserved. Used by permission.

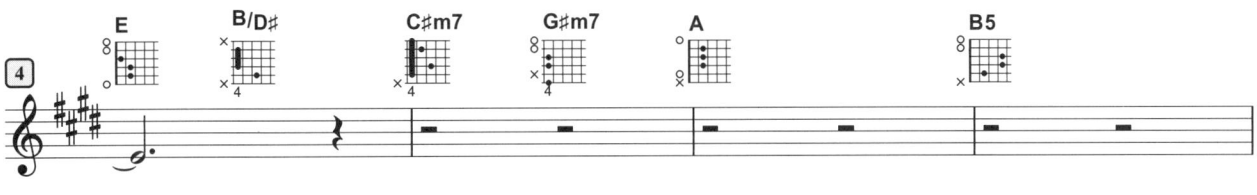
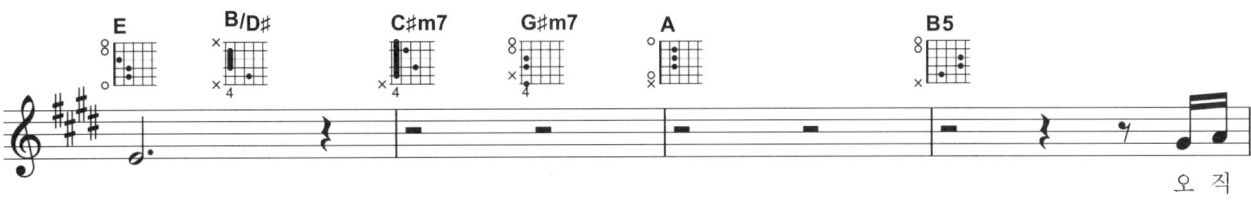

59. 예수 우리들의 밝은 빛

Takafumi Nagasawa

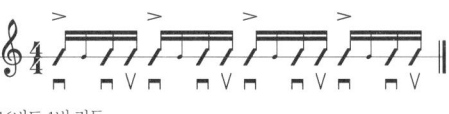

16비트 1번 리듬.

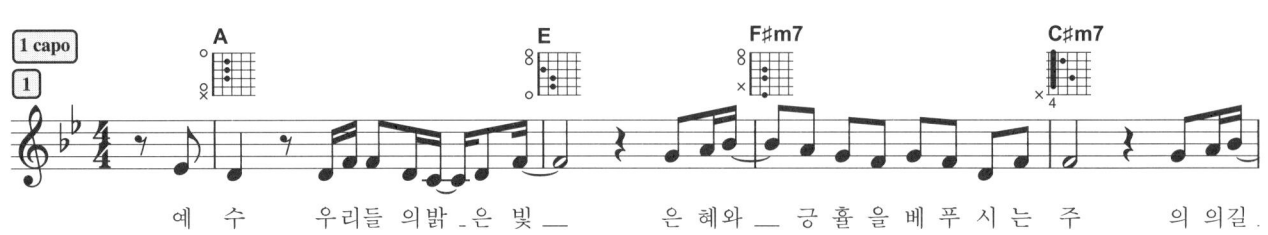

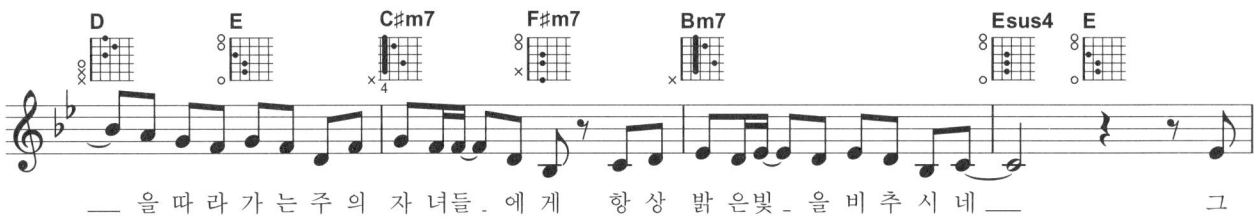

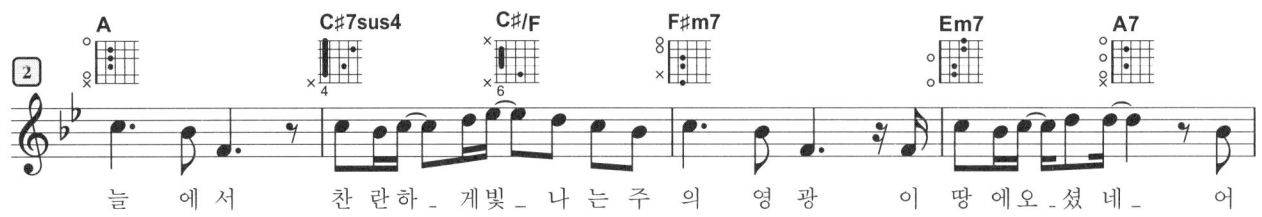

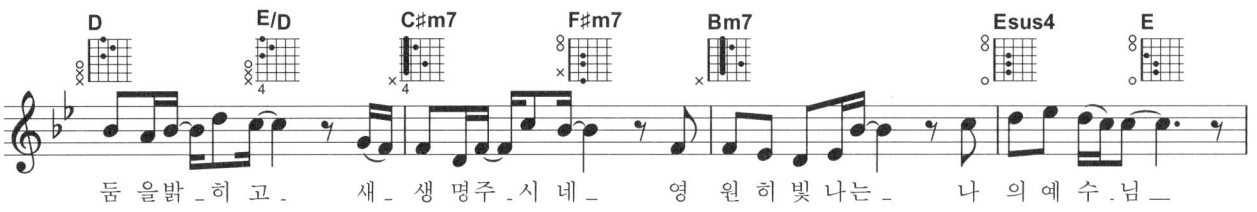

Copyright ⓒ Takafumi Nagasawa. Administered by CAIOS. All rights reserved. Used by permission.

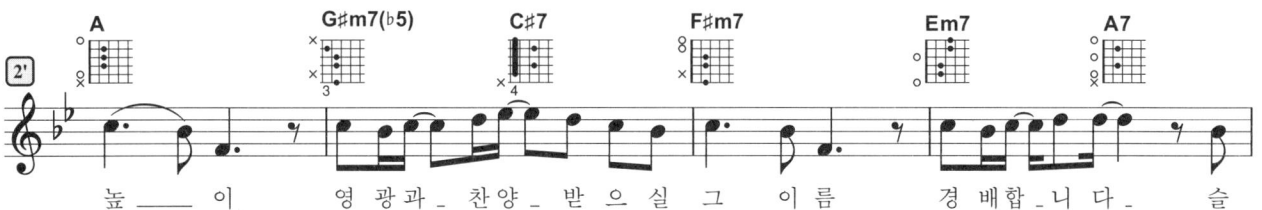
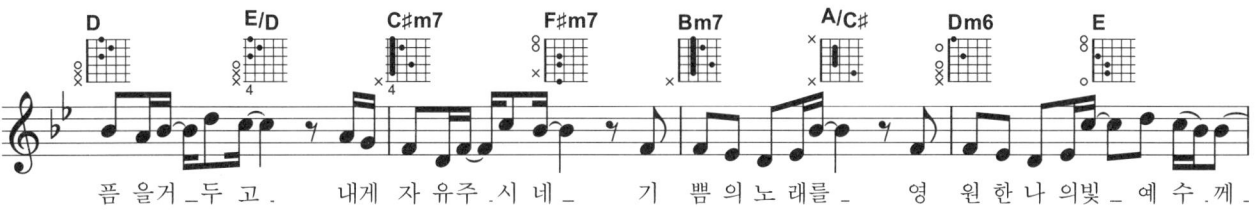
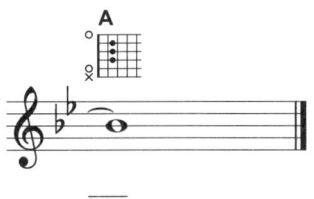

60. 예수는 나의 힘

김도현 작사 작곡

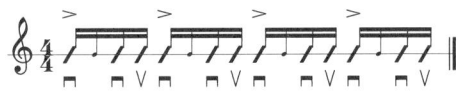
16비트 1번 리듬.

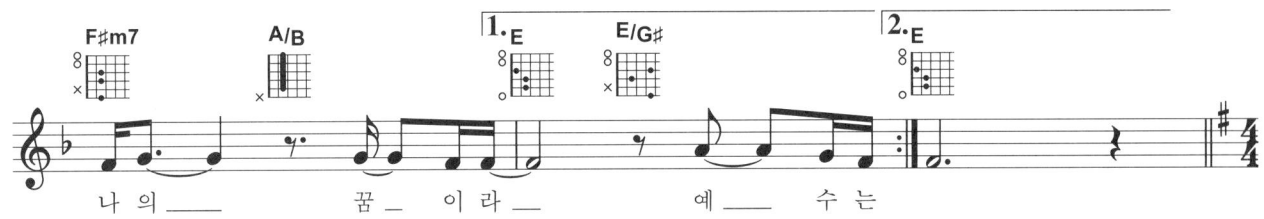

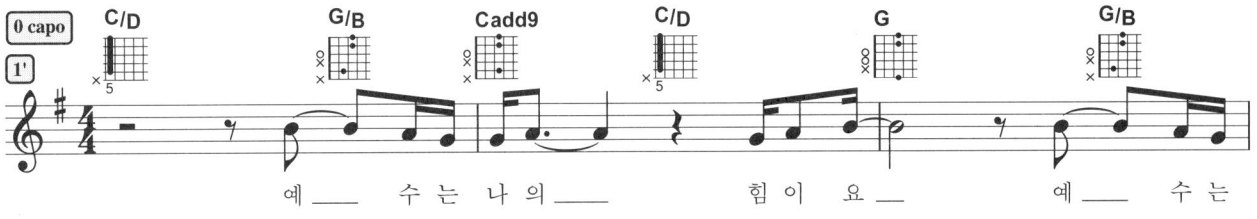

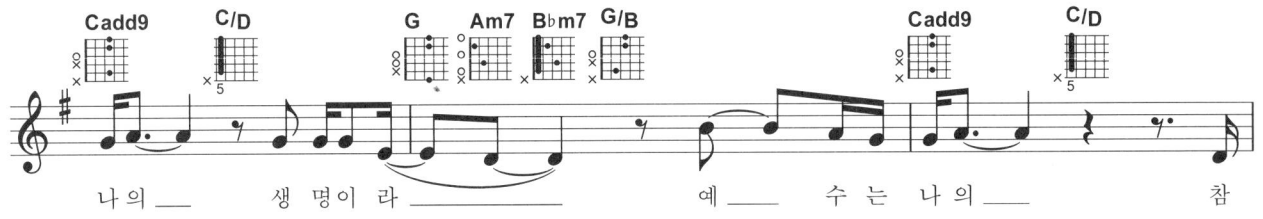

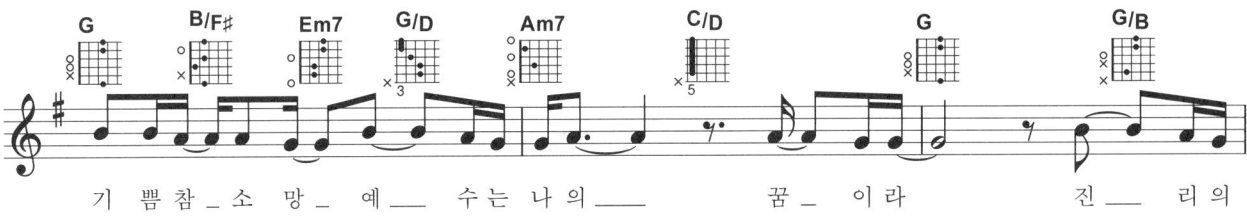

61. 오늘 이곳에 계신 성령님

전은주, 박보람 작사
전은주 작곡

16비트 1번 리듬.

오 늘 이곳 에 계신성 령님. 우리 에게말 씀하 시고 우릴 가 르치 소서 달

힌 우리 맘 열어주 시고 주의 빛으로 밝혀 우릴 인도하 소서 주 님보

다 앞서 지않 고 겸 손하게 주님 의말 씀 기 다리리 주 님손

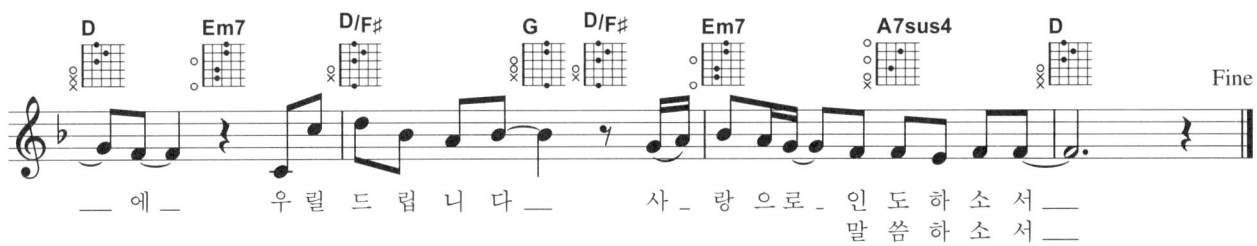
에 우릴 드립니 다 사 랑으로 인도하 소 서
말 씀하소 서

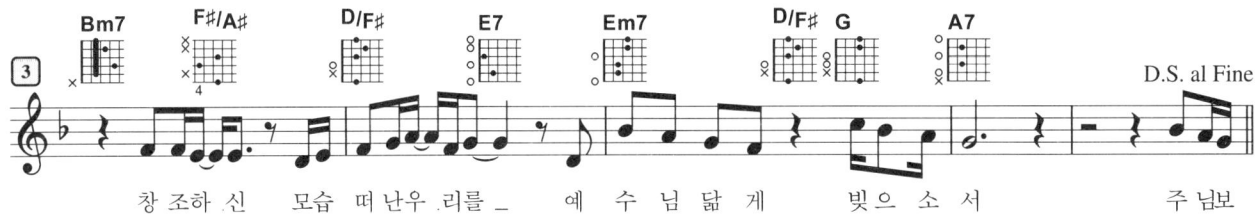
창 조하신 모습 떠난우 리를 예 수님 닮게 빚으소 서 주 님보

ⓒ 2017 Anointing Music. Administered by KwangsooMedia. All rights reserved. Used by permission.

62. 오직 주로 인해

Because of who You are
Martha Munizzi

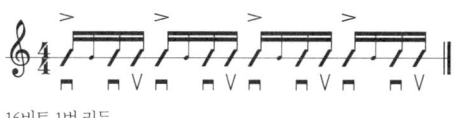
16비트 1번 리듬.

63. 오직 주

You

Joel Houston

8비트 1번 고고 리듬. 바운스를 넣어 셔플로 연주해야 한다. 한 박자를 셋 잇단음표로 연주할 수도 있다.

2 capo

[1] A / E
내 모_____습_연_약할_때_ 주은_혜 감_싸 네___ 연약
혼_충_만 하_고_ 내마_음 감_동 해___

D / A
__한 나_를 최__고로세우 시네___
1. 내 영 2. 나의

[1'] A / E
미 래_주 손__에__ 내꿈__을_찾_았 네__ 주없_

D / A
__인 나_의 삶__에의미가 없네__ 주님

[2] F#m7 / A / D
의 나 라_____ 곧 오__리 라___ 내

F#m7 / E / D
모 든 것 드리___네 이세 상 그 무엇 보다 오직주_

[3] A / E
지금 내__안_에_계신 주 주_의_빛 세_상

Words and Music by Joel Houston
© 2007 Hillsong Music Publishing Australia (admin in Korea by Universal Music Publishing/ CAIOS)

64. 우리 주 하나님

심형진 작사 작곡

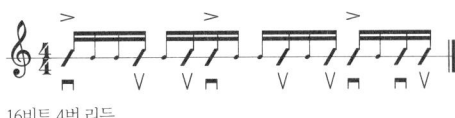

16비트 4번 리듬.

4 capo

가사:
우리주 하나__님 큰영광과 존귀__를 받기 에 합당하신 지금여기 계신 하나님 온 천지 만물__을 지으시고 다스리__는 큰권능과 능력으__로 주의말씀 이루시리 거__룩 거룩하__다 거룩하다 주하나님 곧전능하신이__여 하나님 나라임하__네__

재 하실__때 모든만물 경배하_리 어둠권세 물러가_네 오셔서 다스리소서

주임

ⓒ 2010 심형진. Administered by KwangsooMedia. All rights reserved. Used by permission.

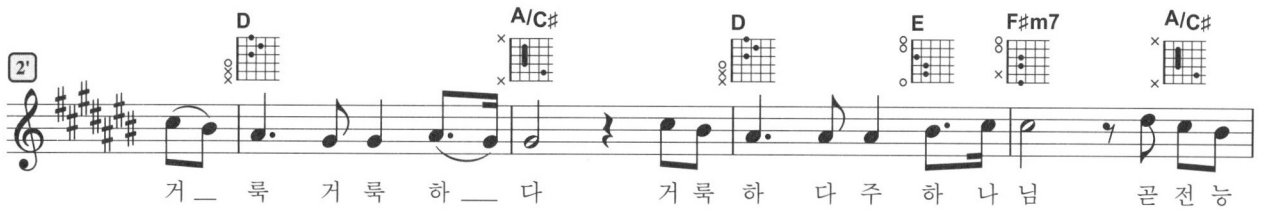

65. 우리는 주의 움직이는 교회

김현철 작사 작곡

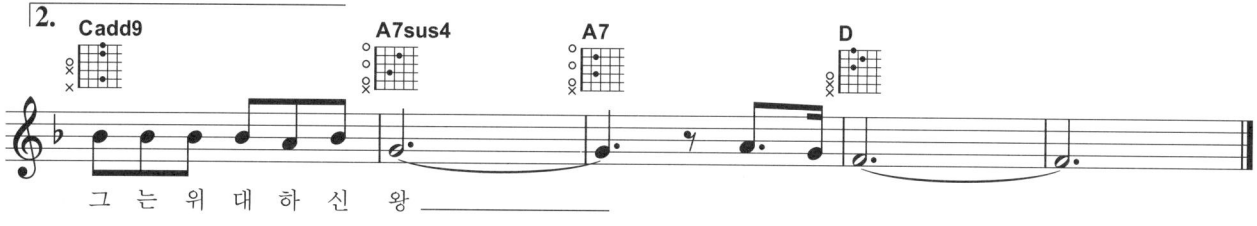

66. 원하고 바라고 기도합니다

민호기, 이현임, 김요셉 작사
민호기 작곡

16비트 1번 리듬.

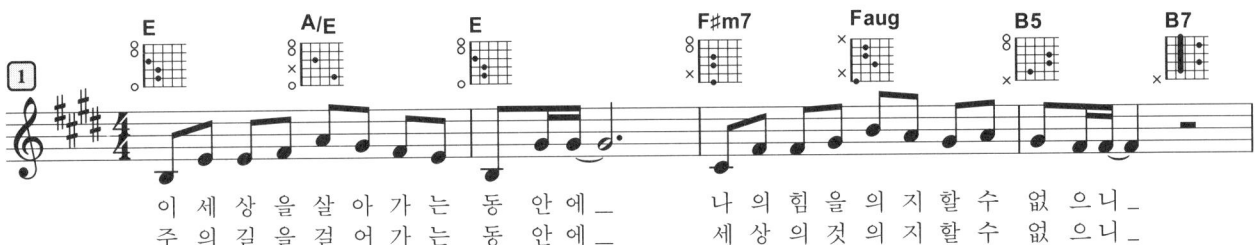

이 세상을 살아가는 동안에_ 나의 힘을 의지할 수 없으니_
주의 길을 걸어가는 동안에_ 세상의 것 의지할 수 없으니_

기도하고 낙심하지 말 것은. 주께서_ 참소망이_ 되심이_ 라_ 하나님의
감사하고 낙심하지 말 것은. 주께서_ 참기쁨이_ 되심이_ 라_

꿈 이_ 나의 비전이 되고 예수님의 성품이 나의 인격이 되고 성령

님 의 권능이_ 나의 능력이 되길_ 원하고_ 바라고_ 기도합니다_

Copyright © 2018 민호기, 이현임, 김요셉 Administrated by Soundrepublica. All right reserved. Used by permission

67. 은혜

손경민 작사 작곡

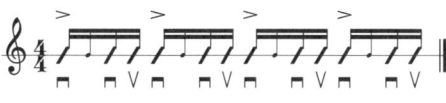
16비트 1번 리듬.

1
내가 누려왔던 모든 것들이 내가 지나왔던 모든 시간이 내가
해가 뜨고 저녁의 노을 봄의 꽃향기와 가을의 열매 변하

걸어왔던 모든 순간이 당연한 것 아니라 은혜였소 아침
는 계절의 모든 순간이

모든 것이

2
은혜 은혜 은혜 한없는_ 은혜 내 삶에

당연한 건 하나도_ 없었던 것을_ 모든 것이 은혜_ 은혜였소

Copyright © 손경민. Administered by CAIOS. All rights reserved. Used by permission.

68. 이 세상의 부요함보다

Better than Life
Marty Sampson

16비트 3번 리듬.

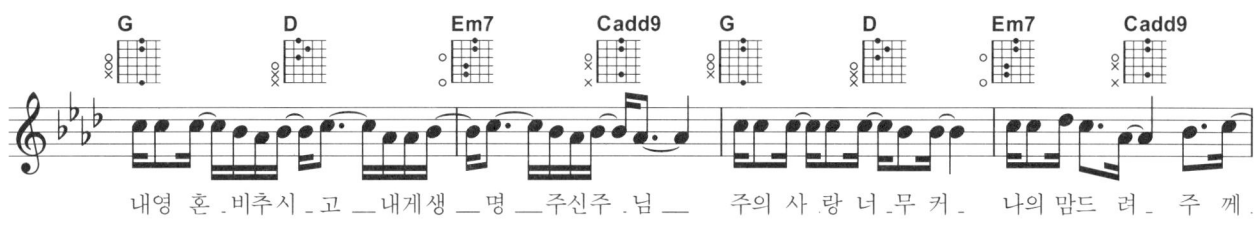

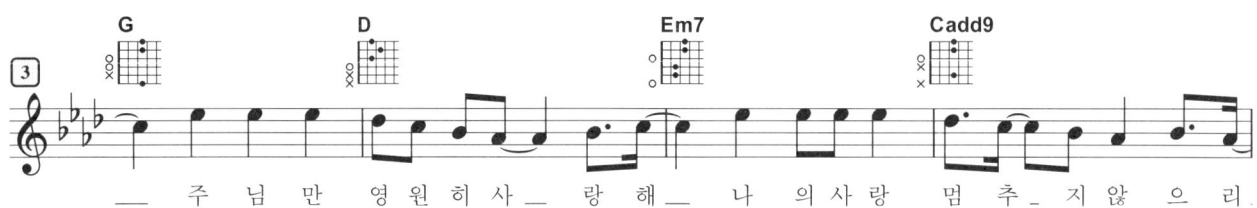

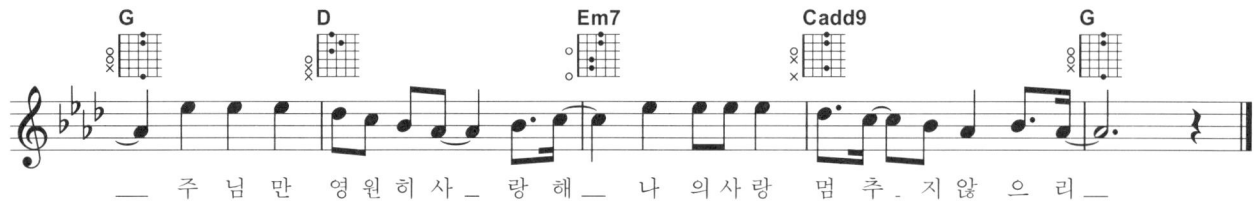

Words and Music by Marty Sampson
© 2003 Hillsong Music Publishing Australia (admin in Korea by Universal Music Publishing/ CAIOS)

69. 이렇게 노래해

김준영 작사
임선호 작곡

8비트 2-1번 리듬. 당김음과 섹션으로 변화가 많아진다.

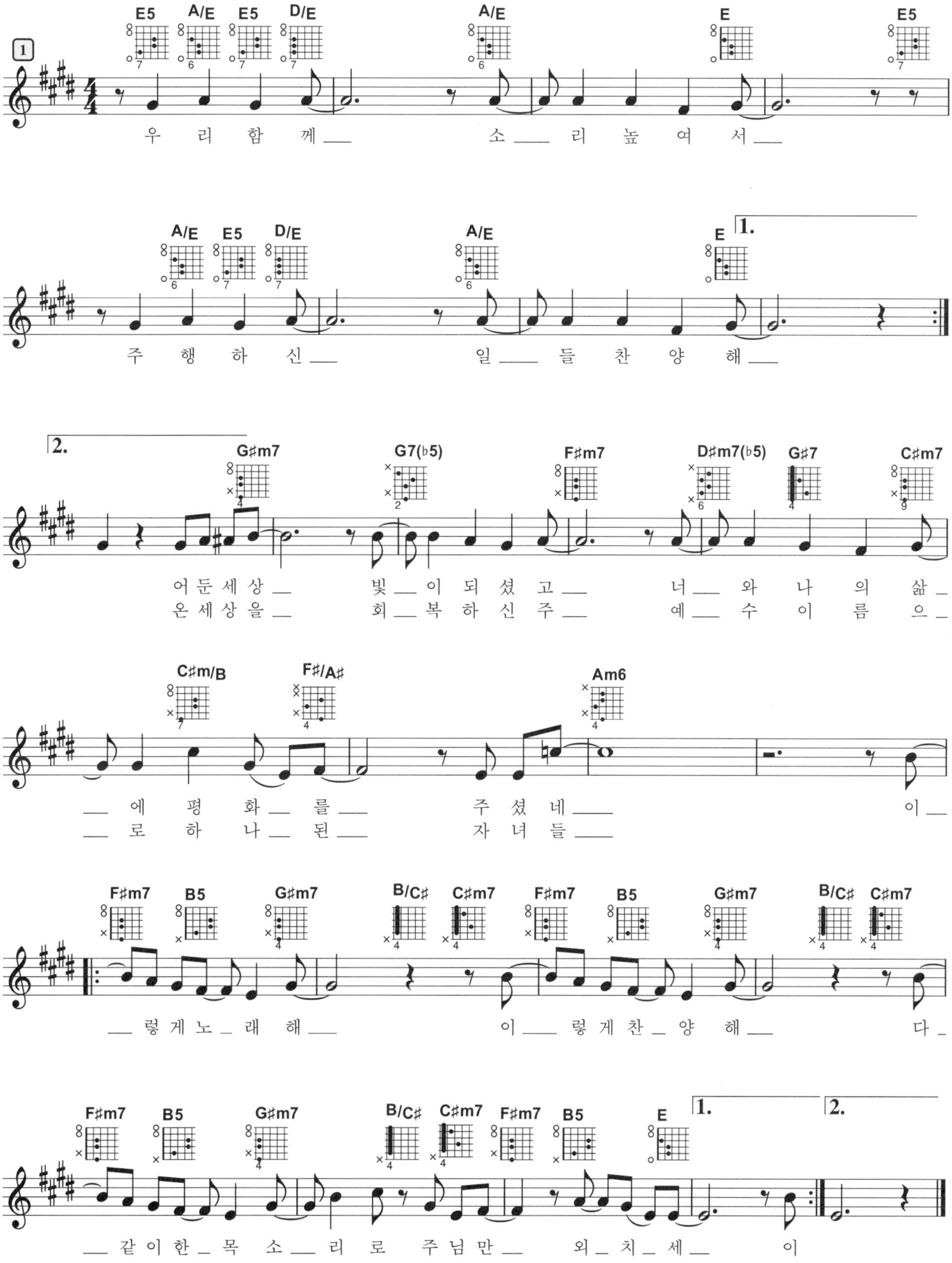

70. 입례

예배하는 자 되어

박은총 작사 작곡

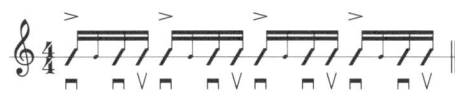

16비트 1번 리듬.

우 리 모두_ 예배하는자_되어_ 온전히영과진_리로_ 주를

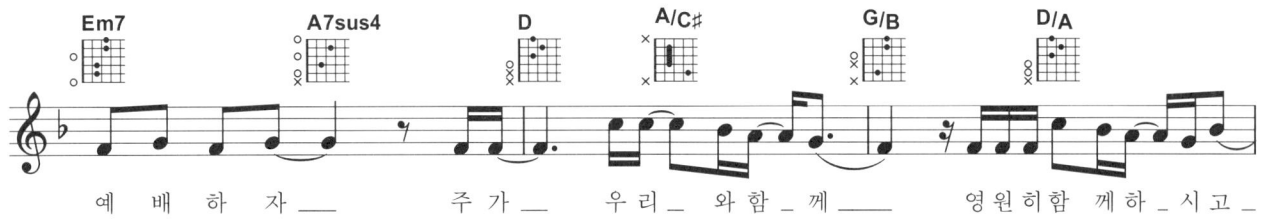

예 배 하 자__ 주가__ 우리_ 와함_께___ 영원히함 께하_시고_

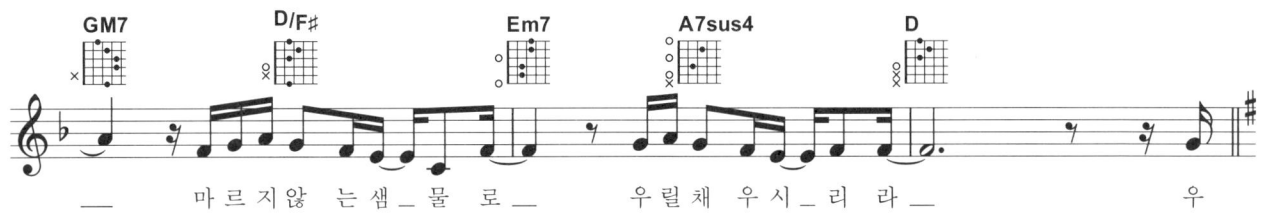

__ 마르지않 는샘_물 로__ 우릴채 우시_리 라__ 우

리 모두_ 예배하는자_되어_ 온전히영과진_리로_ 주를

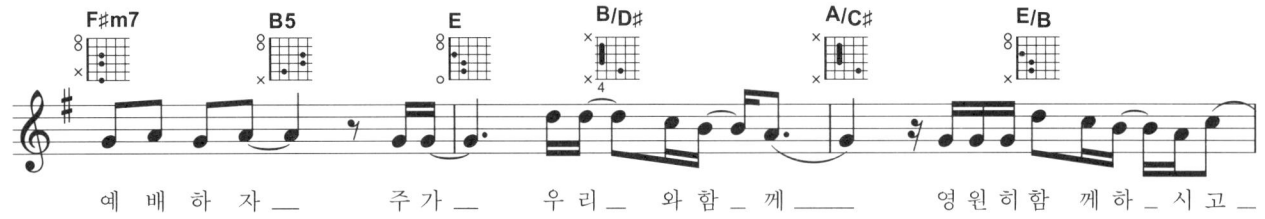

예 배 하 자__ 주가__ 우리_ 와함_께___ 영원히함 께하_시고_

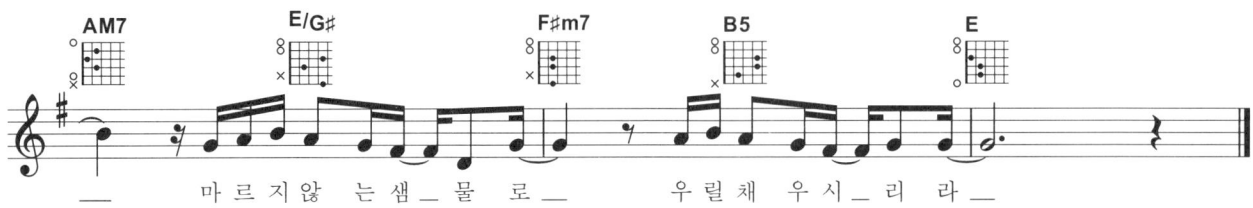

__ 마르지않 는샘_물 로__ 우릴채 우시_리 라__

Copyright © WELOVE CREATIVE TEAM. Administered by CAIOS. All rights reserved. Used by permission.

71. 주 광대하시네

Magnificent
Raymond Badham

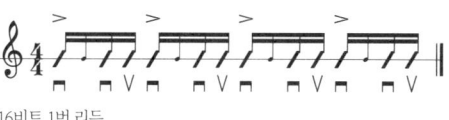
16비트 1번 리듬.

1 G / D/F# / Em7 / G/B
비길_수_없네_____ 하늘에별____ 놓_은_분__ 내앞의_

Cadd9 / G/B / Am7 / Dsus4
__ 거센_파 도__ 잠잠케__ 하시__는 분__ 비길 수_
어둠 이_

1' G / D/F# / Em7 / G/D
__ 없 네_____ 아침을 밝__ 히시__는_분__ 이땅의 소_
지 면 기쁨의 노__ 래주시네_____ 아침 이_

Cadd9 / G/B / Am7 / Dsus4
__ 망은_____ 주의사 랑____ 안에__있 네__ 주 광 대
오 면 자녀된 우__ 리찬_양해__

2 C/G G Em7 Am7 C/D Gsus4 D/F#
하 시네 영원 토록 놀 라_운_ 영 광_의 예_____ 수_

Em7 Am7 Dsus4 Cadd9 Am7 G
____ 누구도 비_ 교할_수없는__ 그 는 예__ 수

Words and Music by Raymond Badham
© 2001 Hillsong Music Publishing Australia (admin in Korea by Universal Music Publishing/ CAIOS)

72. 전하세

Pass it on
Tommy Walker

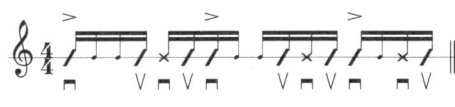
16비트 4번 리듬.

【1】
모든 세대마다 자녀들에게도 주의 크신 힘과 주의 능력을
주의 신실하심 주의 영광을 전하 리__
또 우리 전하리 오는 세대에게 주의 자비하심과 풍성한 그 사랑
그 때 모두 주의 행하심 송 축해__ 주님께

【2】
영__광__ 존__귀__ 찬__양__드려__ 우리 모두
전하리_ 그 위대하_심_을__ 주님께

1.
2.

【1'】
형언 못하네 주의 의로우심 비교할 수 없네 무한한 그 능력

O.T. : Pass It On / O.W. : Tommy Walker
O.P. : Universal Music - Brentwood Benson Songs / S.P. : Universal Music Publishing Korea, CAIOS Adm. : Capitol CMG Publishing / All rights reserved. Used by permission.

73. 주 나와 함께 하시니

박은총 작사 작곡

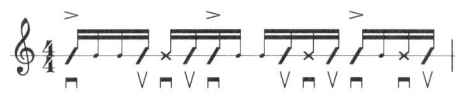

16비트 4번 리듬. 16비트 2번 리듬도 잘 어울린다.

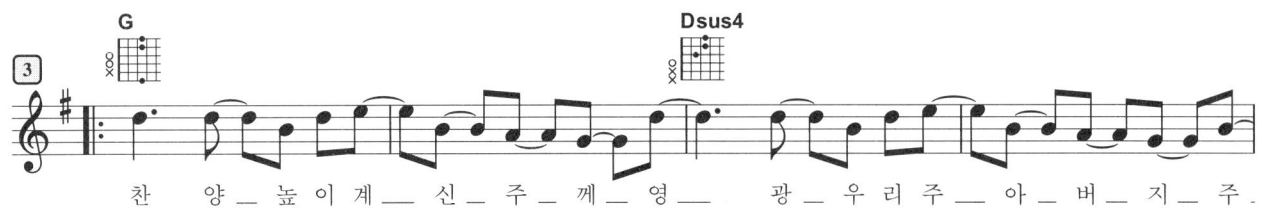
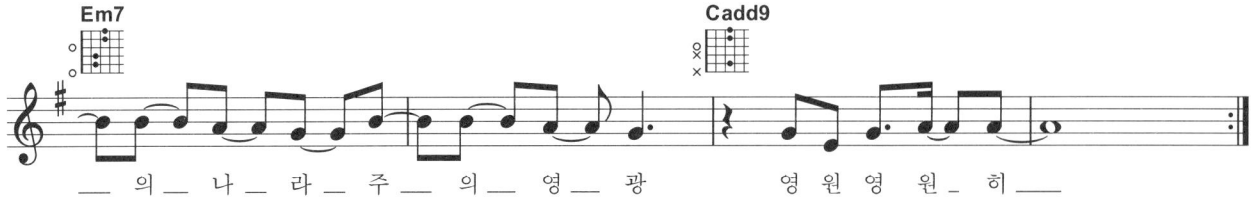

Copyright ⓒ WELOVE CREATIVE TEAM. Administered by CAIOS. All rights reserved. Used by permission.

74. 주 사랑이 나를 숨 쉬게 해

정신호 작사 작곡

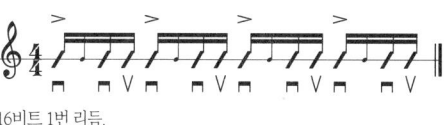
16비트 1번 리듬.

주 사랑이 나를 숨쉬게 해 세상 그 어떤 어려움속에도
사랑이 나를 이끄시네 내가 갈 수 없는 그 곳으로

주 은혜로 나를 돌보시며 세상
주 의 사랑 나를 붙드시며 세상

끝 날까지 지켜주시네 주 주님만이
끝 날까지 인도하시네

내 아 품 안에 시 며 주님 만이 내 맘 어루만지 네 어느
내 능력이 시 며 주님 만이 나의 구원이 시 네

누 구도 나를 향 하신 주님 의 사랑 을 끊을수 없 네 주님 만 이

의 사랑 을 끊을수 없 네

ⓒ 2009 정신호. Administered by KwangsooMedia. All rights reserved. Used by permission.

75. 주 안에서 기뻐해

정성권 작사 작곡

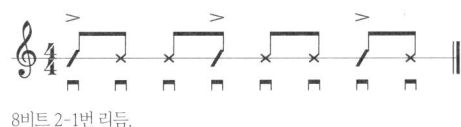
8비트 2-1번 리듬.

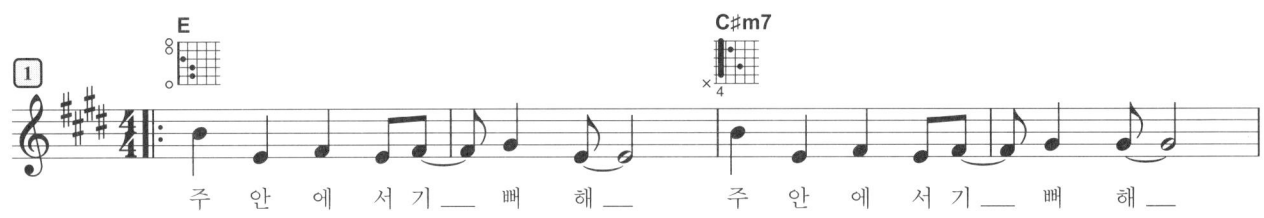
주 안 에 서 기__ 뻐 해__ 주 안 에 서 기__ 뻐 해__

주 님 주__ 신 기__ 쁨 으 로 기 뻐 하 라__

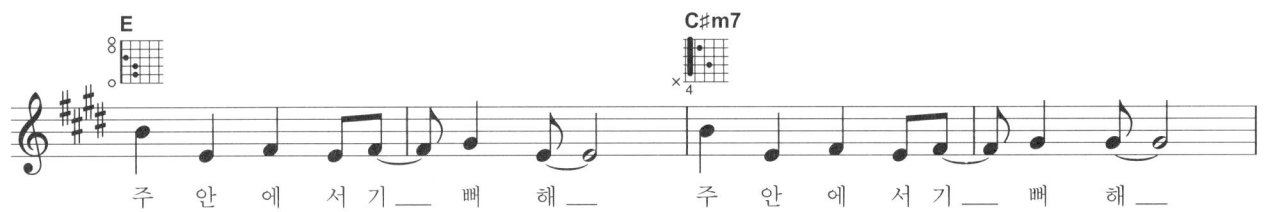
주 안 에 서 기__ 뻐 해__ 주 안 에 서 기__ 뻐 해__

우 리 의 힘__ 은 주__ 를 기 뻐 하__ 는 것__

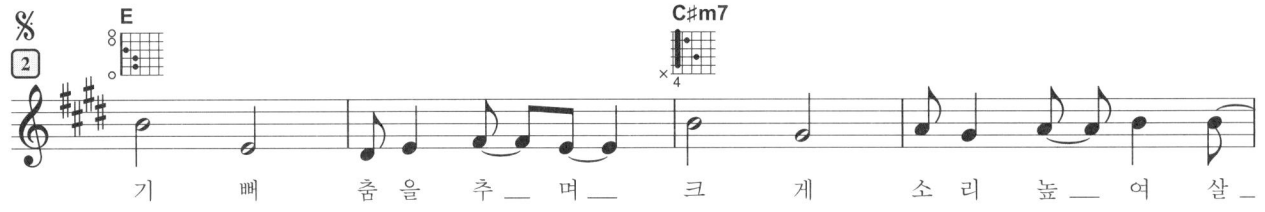
기 뻐 춤 을 추__ 며__ 크 게 소 리 높__ 여 살__

__ 아 계 신__ 주__ 의 이 름__ 내 마 음 다 해 찬__ 양__ 해__

© 2014 Anointing Music. Administered by KwangsooMedia. All rights reserved. Used by permission.

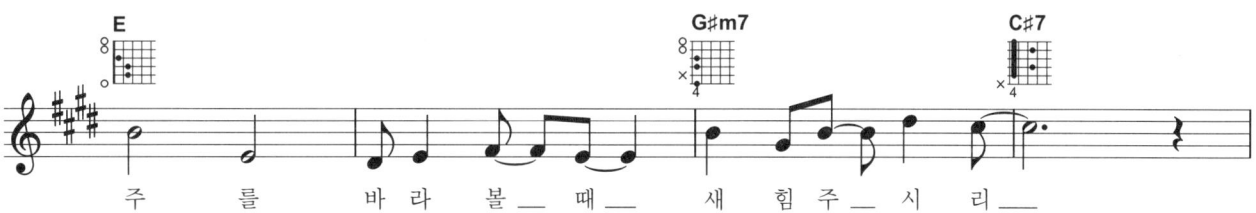

76. 주 앞에 엎드려

I will bow to You

Pete Episcopo

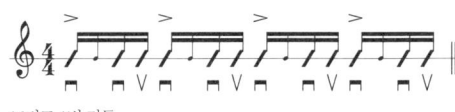

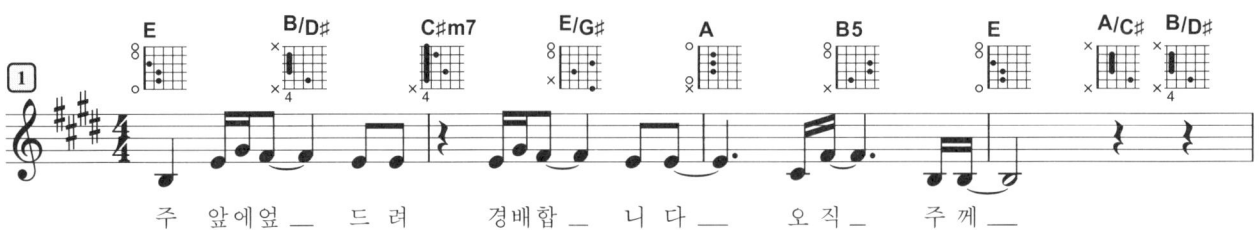

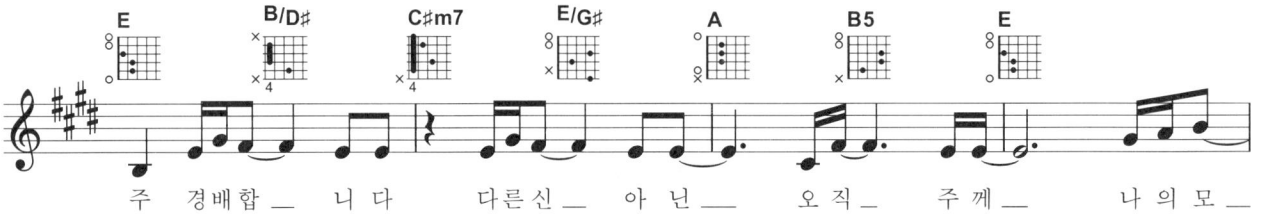

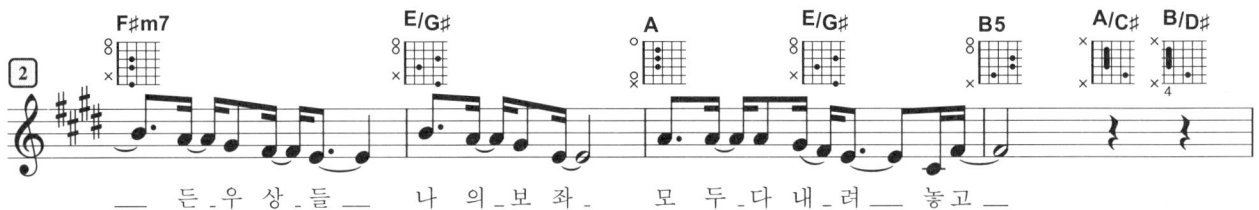

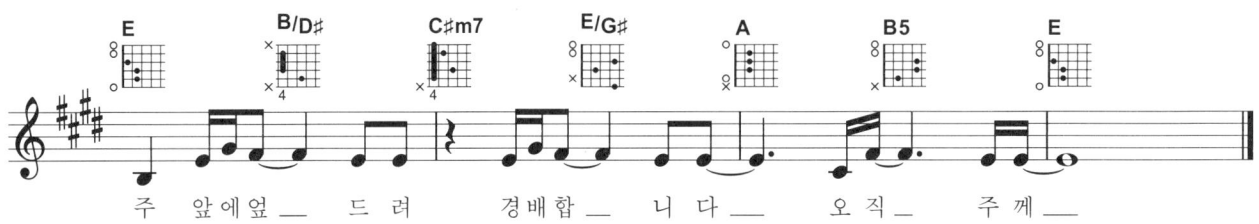

Copyright © 2001 Integrity's Praise! Music.
Administered by CopyCare Korea(copycarekorea@gmail.com). All rights reserved. Used by permission. Authorised Korean translation approved by CopyCare Korea.

77. 주가 일 하시네

이혁진 작사 작곡

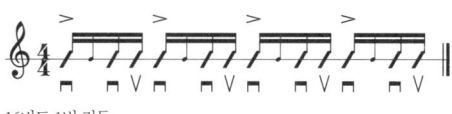

16비트 1번 리듬.

1. 날이 저물어 갈 때 빈 들에 서 걸을 때 그 때 가 하나님의 때 내 힘으로 안 될 때 빈 손으로 걸을 때 내가 고백해 여호와 이레 주가 일하시네 주가 일하시네 주께 아끼지 않는 자에게 주가 일하시네 주가 일하시네 신뢰하며 걷는 자에게

2. 우리 모인 이 곳에 주님 함께 계시네 누리 네 아버지 은혜 적은 떡과 물고기 내 모든 걸 드릴 때 모두 고백해 여호와 이레

Copyright © 2012 이혁진 All right reserved. Used by permission

79. 주께 포기란 없네

김강현 작사 작곡

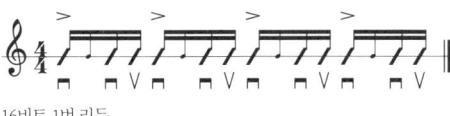

16비트 1번 리듬.

소망이 보이지 않아도 깊은 절망 속에도 빛은 꺼지지 않았네

누구도 기대치 않았던 낮은 이 땅 가운데서 그 나라 시작되었네

그 나라 오늘 이 곳에 우리 살아가는 곳에 먼 곳에 있지 않네

주가 일하시는 곳에 여전히 소망이 있네 주께 포기란 없네

Copyright © WELOVE CREATIVE TEAM. Administered by CAIOS. All rights reserved. Used by permission.

80. 주님은 아시네

King of Majesty
Marty Sampson

16비트 3번 리듬.

주님은 아시네 주 사랑 하는 맘 이전보다 더
주님 알기 원해 내 마음 다하여
주님께 고백해 주님만 위해 내 삶 드리기 원해 위대하
신 왕 내 맘의 한 소망 언제나
주와 함께 언제나 주와 함께
예수 나의 영혼의 구세 주 영원
무궁히 주님만을 나 찬양 하리

Words and Music by Marty Sampson
© 2001 Hillsong Music Publishing Australia (admin in Korea by Universal Music Publishing/ CAIOS)

81. 주님 그 사랑 감사해

Thank you for loving me
Tommy Walker

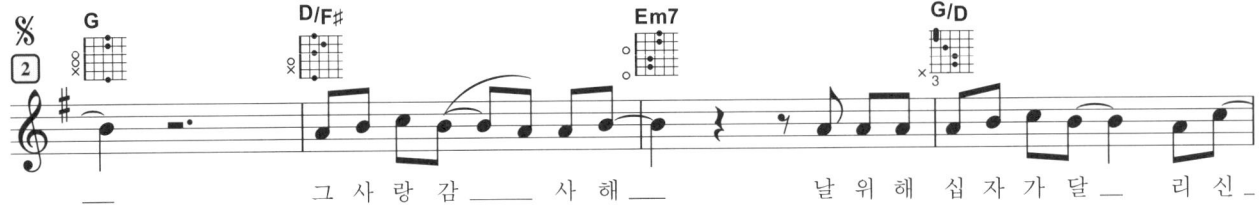
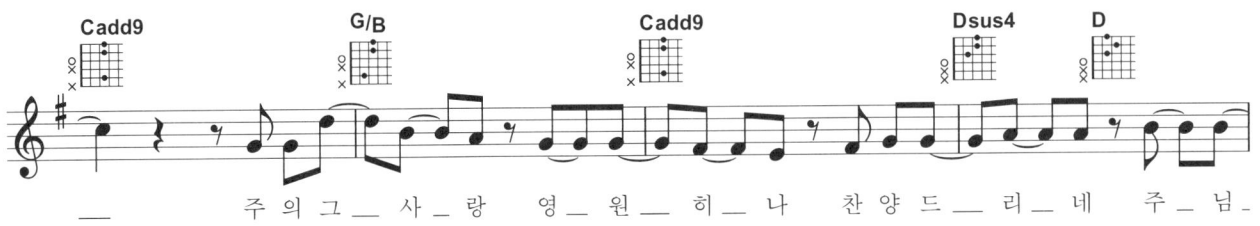

Copyright © 2003 Integrity's Praise! Music/WeMobile Music.
Administered by CopyCare Korea(copycarekorea@gmail.com). All rights reserved. Used by permission. Authorised Korean translation approved by CopyCare Korea.

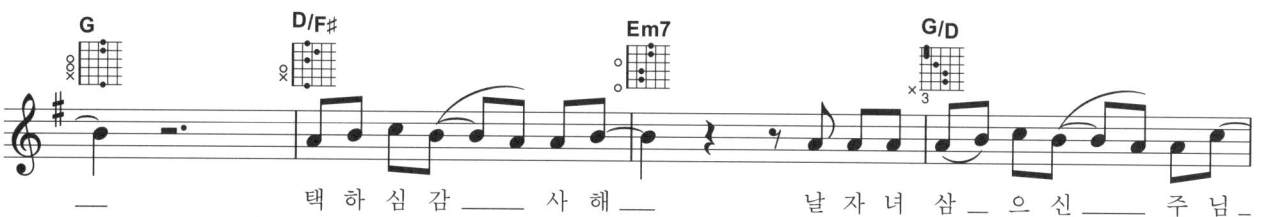
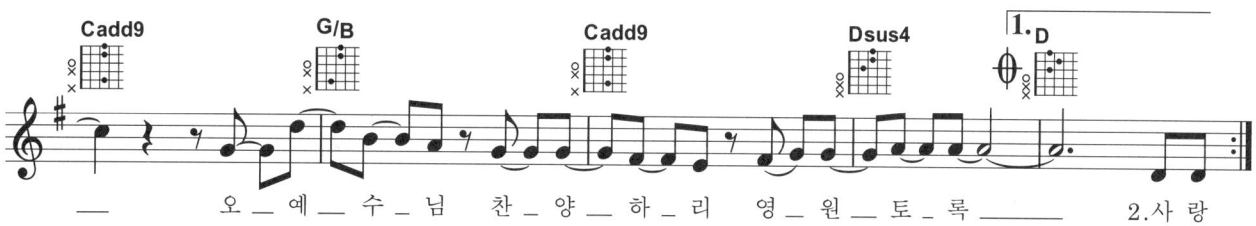

82. 주님의 그 모든 것이

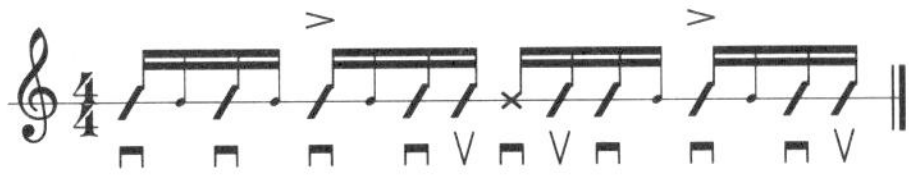

Enough
Chris Tomlin, Louie Giglio

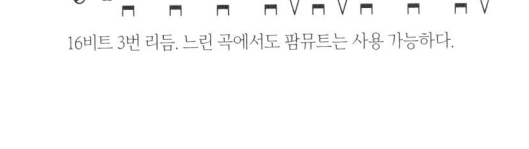
16비트 3번 리듬. 느린 곡에서도 팜뮤트는 사용 가능하다.

[1]
나의공급 자 또 내 생명 놀라우 신 하나님
내죄위 하 여 대속하 신

주나의 상급 삶 의 이유 놀라우 신 하나님 주님의
다시오 실 왕 나의모 든 것

[2]
그모 든것 이 내삶을 가 득채우 네 내모든

갈 증과필 요 주사랑 으로만족 시 키니 부족함없네

[3]
Fine

[4]
D.S. al Fine
내가원 하 는 모든것 보 다 부족함 없는 나 의주님 놀라우 신 주님의
내가말 하 고 아는것 보 다 더욱더

O.T. : Enough / O.W. : Chris Tomlin, Louie Giglio
O.P. : worshiptogether.com Songs, sixsteps Music, Vamos Publishing / S.P. : Universal Music Publishing Korea, CAIOS Adm. : Capitol CMG Publishing / All rights reserved. Used by permission.

83. 주님의 사랑

김준영 작사
임선호 작곡

1번 파트는 섹션, 2번 파트는 하프타임이기 때문에 16비트 1번, 3번 파트는 8비트 2-1번 리듬을 사용하지만 곡 전체에 당김음과 섹션이 많이 사용된다.

ⓒ 2010 김준영, 임선호. Administered by KwangsooMedia. All rights reserved. Used by permission.

84. 주님의 마음 있는 곳

아이자야씩스티원

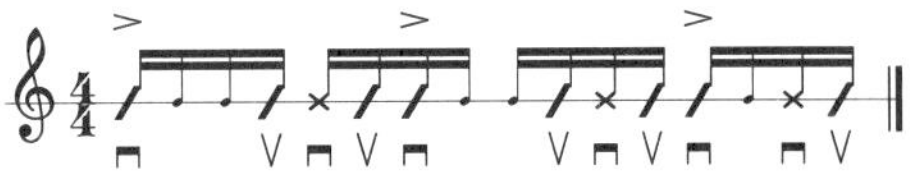

16비트 4번 리듬.

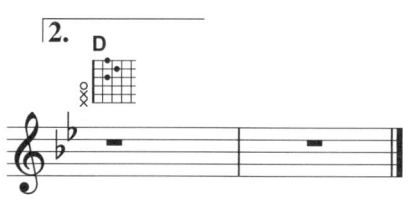

85. 주님의 시선

나는 38년 된 병자입니다

박지영, 박혜진, 허다은, 김민찬 작사
전혁, 남재선 작곡

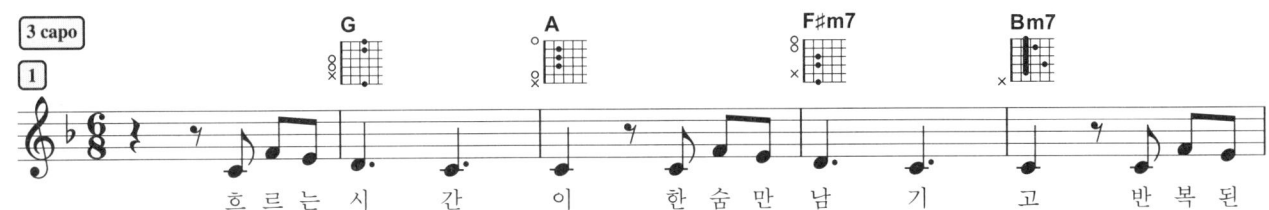

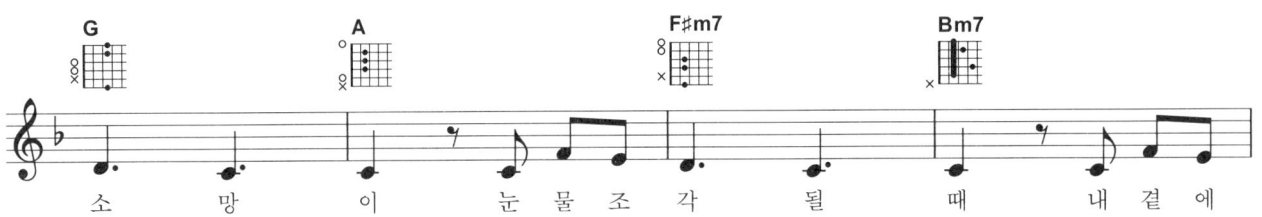

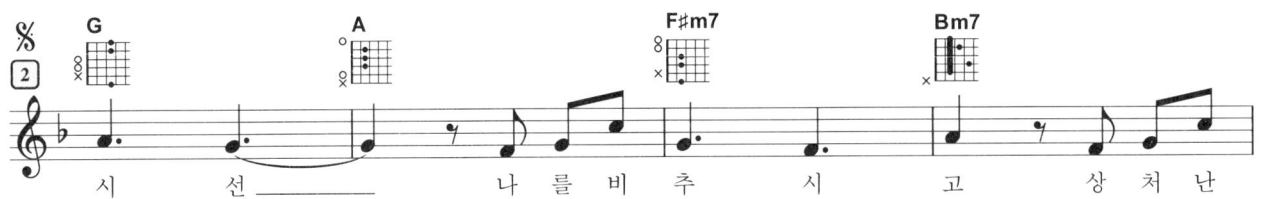

ⓒ 2021 김민찬, 남재선, 박지영, 박혜진, 전혁, 허다은. Administered by KwangsooMedia. All rights reserved. Used by permission.

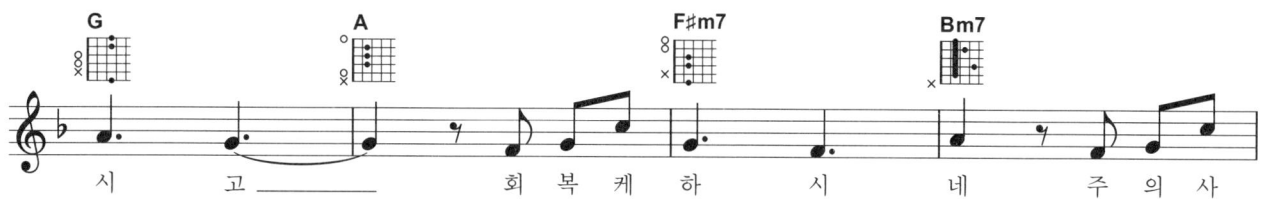

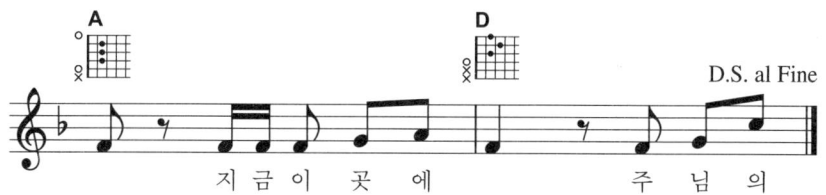

86. 주로 인해

Because of You
Jared Ming

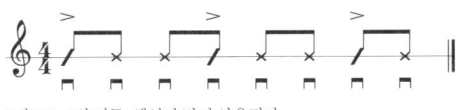
8비트 2-1번 리듬. 섹션이 많이 사용된다.

살아 있 다 고 느 낄 수 있네

날아 갈 것 만 같 은 기분에

주님이 함 께 계 시 기 때문에

자유롭게 예 배 를 드리네 주의 임

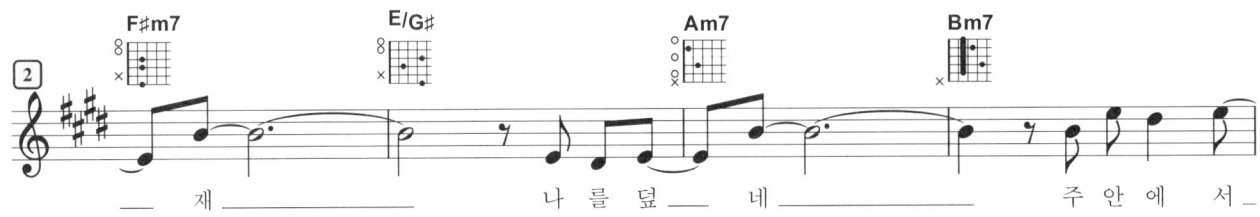
재 나를 덮 네 주 안에 서

춤 추네 주님 앞 에 내 손 드 네 주 은 혜 로

Copyright © 2003 CFN Music.
Administered by CopyCare Korea(copycarekorea@gmail.com). All rights reserved. Used by permission. Authorised Korean translation approved by CopyCare Korea.

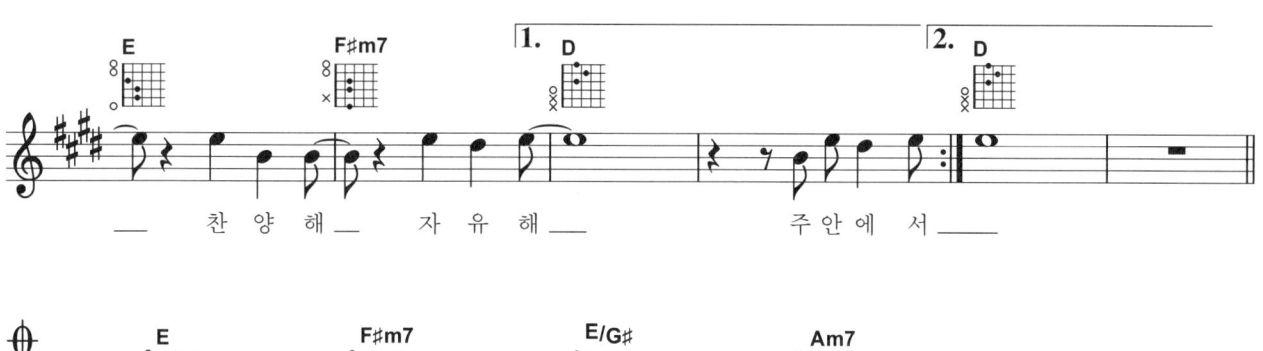
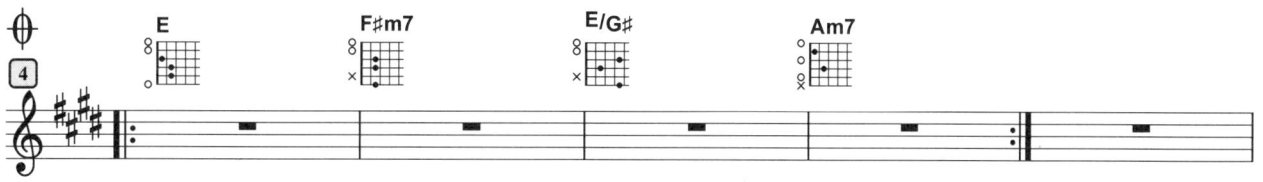

87. 주 손길이

박은미 작사
임선호 작곡, 편곡

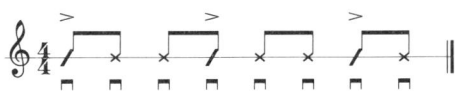
8비트 2-1번 리듬. 당김음 위치를 정확하게 파악해야 한다.

1.길 가에__ 피__어 있는 꽃들__도__ 주 손 길 이__ 어 루 만 지 심을 보__네 모__ __든 생__명 속에__ 주의 사 랑 흘 러 흘__러 참 된__ __의미 참된__ 빛을 비__추네__ 특별한 하__

2.오 늘 도__ 똑__같 이 주 어 지__는__ 시 간 속 에__ 나 는 주 와 동 행 하__네 사__ __랑 의__음 성 이__ 내 마 음 에 느 껴 지__네 가 장__ __귀 한 주 내__ 안에 계__시 네__

__루가 아니__어도 행복을 느낄수 있 는 건__ 소소한 내_
__삶에 함께__하는 주님의 사랑 때 문 이 죠__ 작은 것_

© 2021 박은미, 임선호. Administered by KwangsooMedia. All rights reserved. Used by permission.

88. 주의 길

서찬극, 엄항용 작사
이민영 작곡

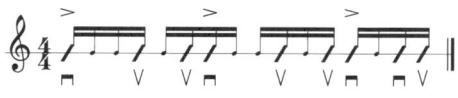

1번 구간은 8비트 2-1번, 후렴에서는 16비트 4번 리듬.

가장 높은 곳에 계신 주님 온 맘 다해 기뻐해
나의 높고 낮은 모든 순간 주님 손 안에 있어

나의 낮은 곳에 함께 계신 주님을 찬양하네
주님 알게 하실 큰 일 보며 날마다

걸어가네 사망

의 어두운 길에도 두려워하지 않으리 주의

길을 가네 은혜로 이끄시네 나 노래하며 가리라 여전히 아픔 있지
온전히 나의 삶 드

만 주님을 노래하며 가리 주의 주께로
려

ⓒ 2018 서찬극, 엄항용, 이민영. Administered by KwangsooMedia. All rights reserved. Used by permission.

89. 주의 나라

김강현 작사 작곡

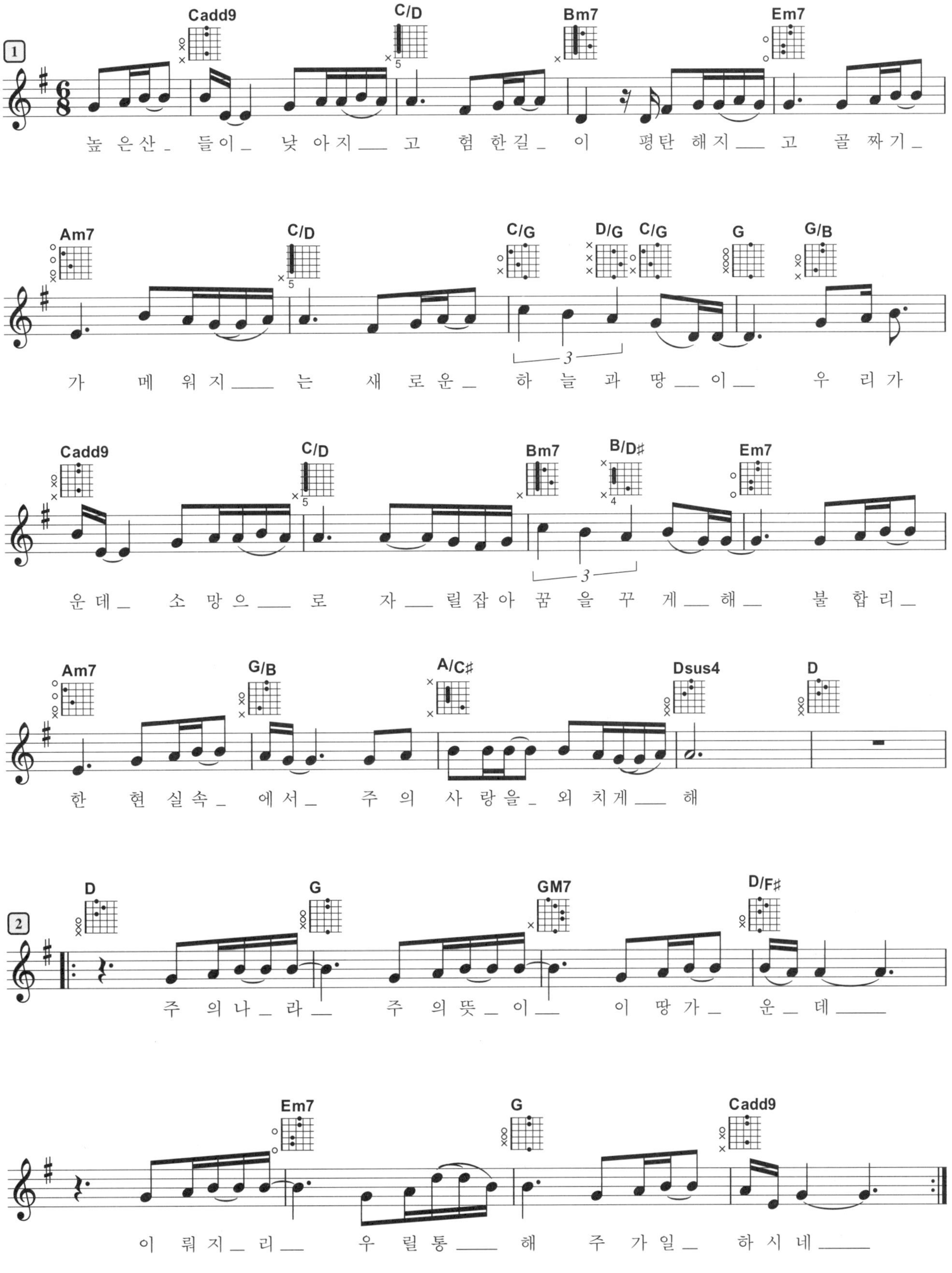

90. 주의 나라가 임할 때

심형진 작사 작곡

16비트 2번 리듬

© 2008 심형진. Administered by KwangsooMedia. All rights reserved. Used by permission.

91. 지극히 높으신 주
King of Kings
Brooke Ligertwood, Jason Ingram, Scott Ligertwood

Written by Jason Ingram, Scott Ligertwood, Brooke Ligertwood
© 2019 Hillsong Music Publishing Australia (admin in Korea by Universal Music Publishing / CAIOS)

92. 크신 내 주님

Our GOD
Chris Tomlin, Jesse Reeves, Jonas Myrin, Matt Redman

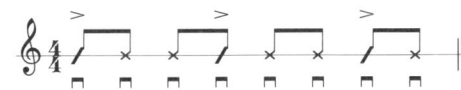

8비트 2-1번 리듬. 섹션이 많이 사용된다. 후렴에서는 16비트 3번 리듬도 가능하다.

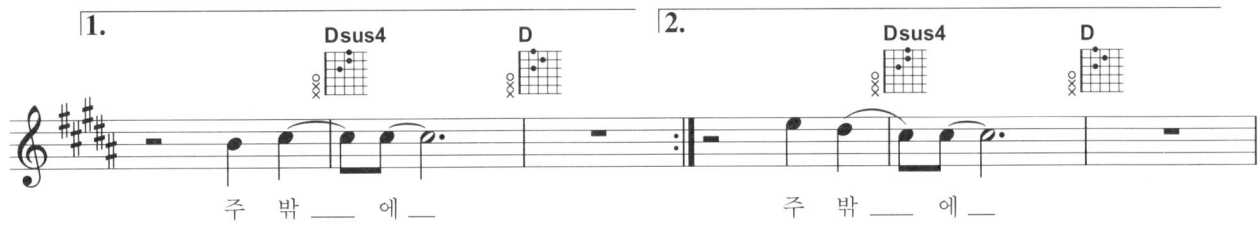

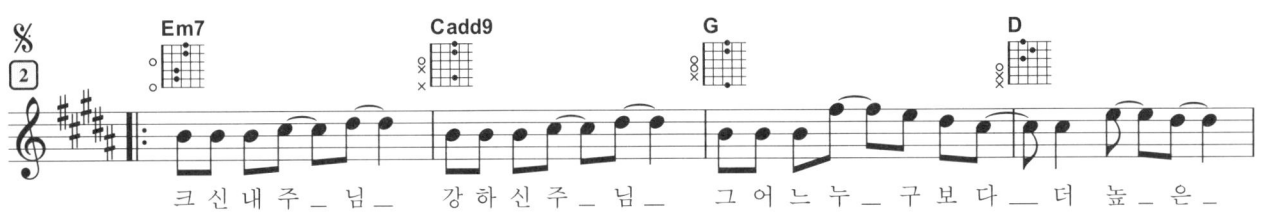

O.T. : Our God / O.W. : Chris Tomlin, Jesse Reeves, Jonas Myrin, Matt Redman
O.P. : Atlas Mountain Songs, worshiptogether.com Songs, sixsteps Music, Vamos Publishing, Thankyou Music Ltd / S.P. : Universal Music Publishing Korea, CAIOS
Adm. : Capitol CMG Publishing / All rights reserved. Used by permission.

93. 하나님의 사랑이

박은총 작사
전아림 작곡

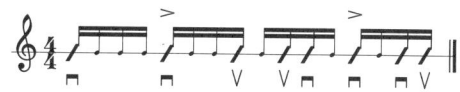

16비트 1번 리듬. 코드 전환 위치와 당김음으로 인해 변형이 많다.

하나님의사랑이__ 당신의삶가_운데__ 가득하기를__

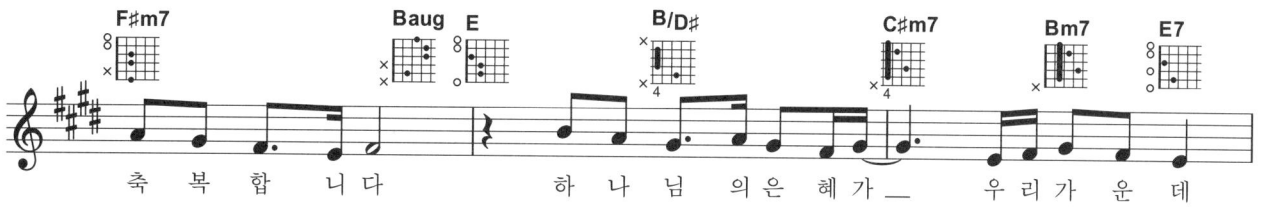

축복합니다 하나님의은혜가__ 우리가운데

가득하길기도합니다

Copyright © WELOVE CREATIVE TEAM. Administered by CAIOS. All rights reserved. Used by permission.

94. 풀은 마르고

김영진 작사 작곡

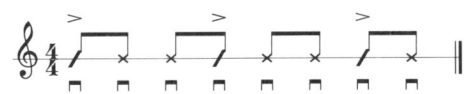

8비트 2-2번 리듬을 기본으로 하며 16비트 4번 리듬도 사용 가능하다. 2번 구간은 전부 색션이다.

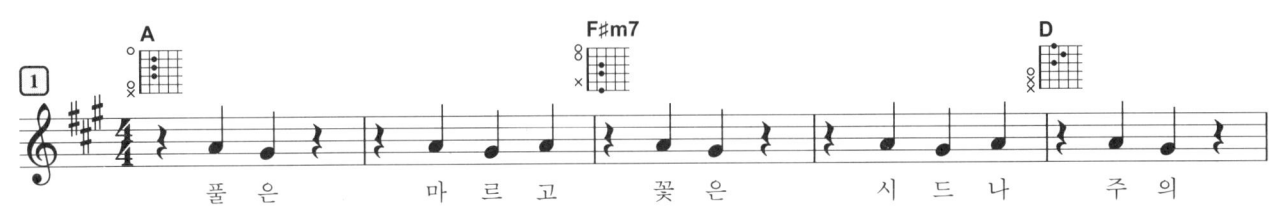
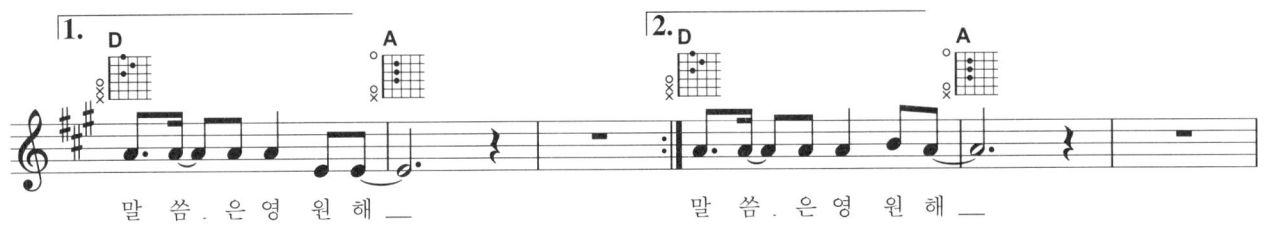
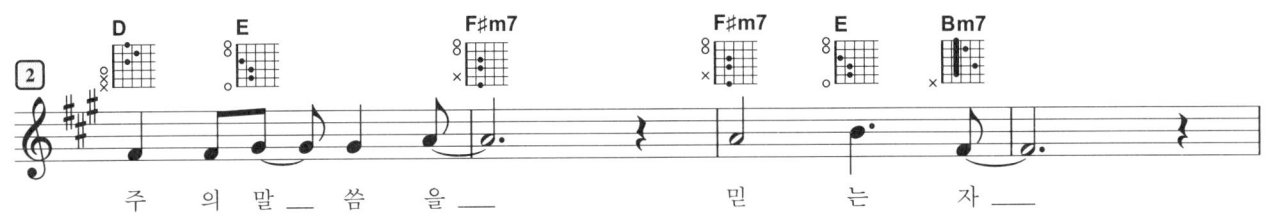
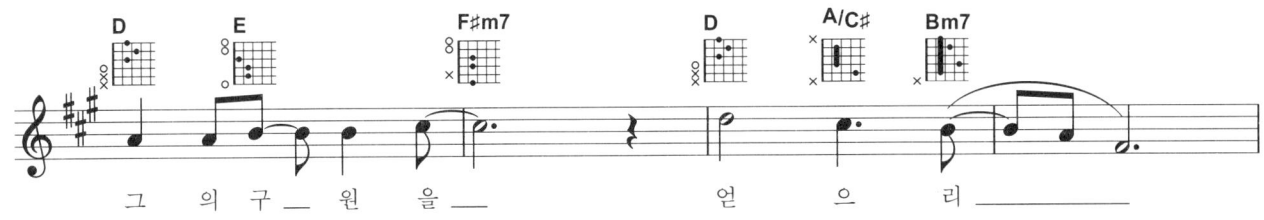
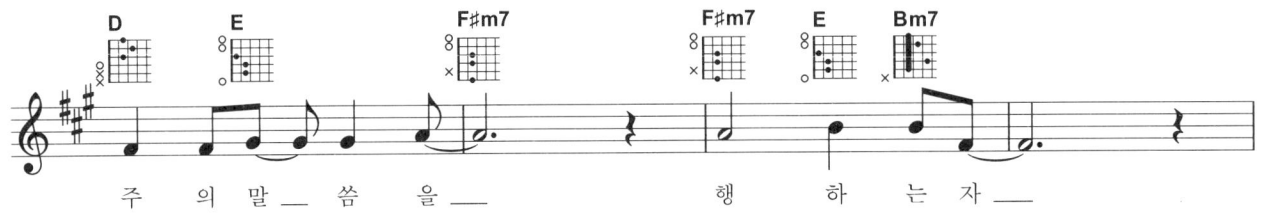

ⓒ 2005 김영진. Administered by KwangsooMedia. All rights reserved. Used by permission.

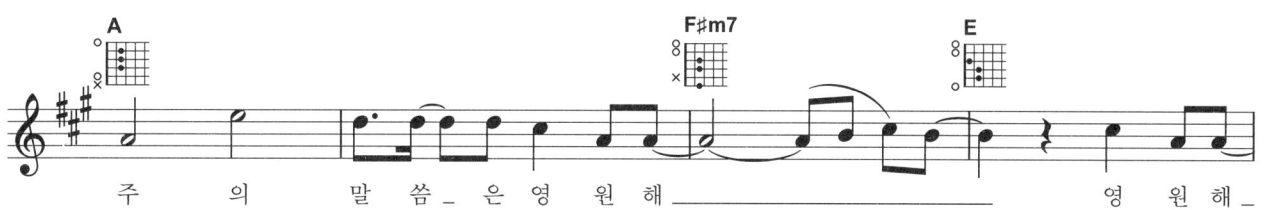

95. 하나님의 나라

조성민 작사 작곡

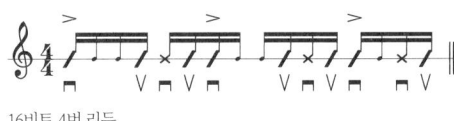

16비트 4번 리듬.

96. 행복

손경민 작사 작곡

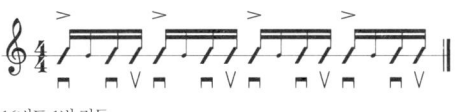

16비트 1번 리듬.

화려하_ 지않아도_ 정결하_ 게사는삶_ 가진것_ 이적어도_
눈물날_ 일많지만_ 기도할_ 수있는것_ 억울한_ 일많으나_

감사하_ 며사는삶_ 내게주_ 신작은힘_ 나눠주_ 며사는삶_
주를위_ 해참는것_ 비록짧_ 은작은삶_ 주뜻대_ 로사는것_

이것이_ 나의삶에_ 행복이라오_
이것이_ 나의삶에_ 행복이라오

이것이

행 복 행복이라오_ 세상은_ 알수없는_

하나님_ 선물 이것이행 복 행복이라오_ 하나님_ 의자녀로_

살아가는것_ 이것이_ 행복이라오_

Copyright © 손경민. Administered by CAIOS. All rights reserved. Used by permission.

97. 길을 만드시는 분

Way Maker
Osinachi Okoro

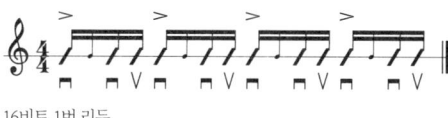
16비트 1번 리듬.

주 여기 운행하시네 주 경배해 주 경배해 주 여기
주 우리 마음만 지네 주 우리
주 우리 새롭게 하네 주 우리

역사하시네 주 경배해 주 경배해 주는
치유하시네
회복시키네

새 길을 만드시는 분 큰 기적을 행하시는 분 그는 우리 하나님

약속을 지키시는 분 어둠 속을 밝히시는 빛 그는 우리 하나님 그는 하나

님 그는 하나님 그는 하나님 그는 하나님

주 의 일 하심 볼 수 없어도 주 의 일 하심 알 수 없어도 주는 결코 멈추지 않네 주는 결코 멈추지 않네

Copyright © 2016 Integrity Music Europe. Administered by CopyCare Korea(copycarekorea@gmail.com). All rights reserved. Used by permission. Authorised Korean translation approved by CopyCare Korea.

98. Born Again

김준영 작사
주민정 작곡

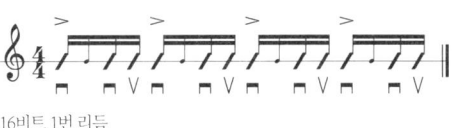

16비트 1번 리듬.

99. Thank You Lord

엄항용 작사
임선호 작곡

16비트 2번 리듬. 당김음으로 인해 리듬의 변형이 많아진다.

1
그__ 사 랑__ 이유없이날 사랑해__
주__님께__ 드릴것이나없 는데__ 사 랑_ 해__ 아무
주__님을__ 나도

2
런 이유__ 없다 니 믿 어지__ 나요__ 내게__
__ 찾아온주__님의__사 랑__

3
믿을수없던그__사랑이__ 믿어지던그순간에__

새 생 명으로태__어났네__ 나는주님의어린양__ Thank you

ⓒ 2018 엄항용, 임선호. Administered by KwangsooMedia. All rights reserved. Used by permission.

100. You Still Love Me

김지은 작사 작곡

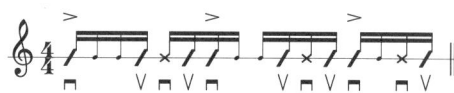

1절 구간에서는 8비트 2-1번 리듬. 3번 구간에서는 16비트 4번으로 연주가 가능하다. 섹션을 정확하게 지켜야 한다.

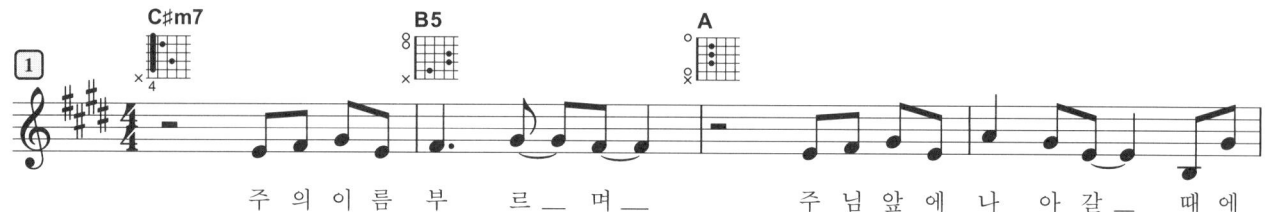

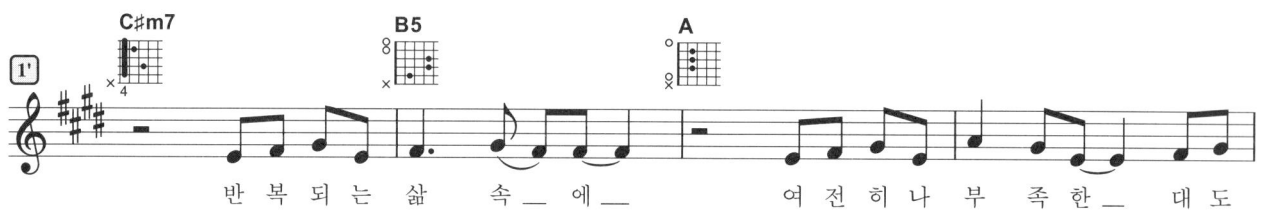

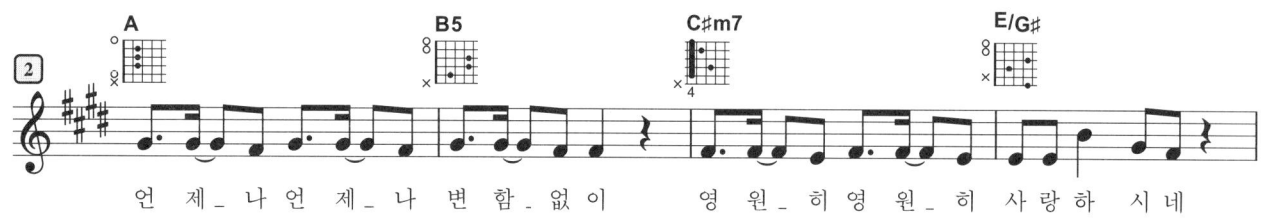

워십기타 송북 셀라2

2쇄 2024년 1월 2일

펴낸곳 (주) 디테일북스
주소 서울시 마포구 월드컵북로4길 77, 3층 392호
팩스 02-742-7434
홈페이지 www.acousticworship.net
등록번호 제 2015-000151호
등록일자 2015년 5월 6일

ISBN : 979-11-979103-9-5 (03670)

* 이 제작물은 아모레퍼시픽의 아리따 글꼴을 사용하여 제작되었습니다.
* 이 책은 저작권법에 따라 보호받는 저작물이므로 무단전재와 무단 복제를 금합니다.
* 디테일북스는 (KOMCA), 카피케어 코리아, 광수미디어, 카이오스, 사운드리퍼블리카, 소니ATV 등에서 승인을 받아 악보를 제작합니다.
* 잘못 만들어진 책은 구입처에서 교환해 드립니다.